U0493136

本书由重庆市知识产权局知识产权实务类著作项目资助

/ 知识产权保护和运用调查研究系列丛书 /

非物质文化遗产

知识产权保护调查研究

苏平 |主编|

范小渝　郑伟明 |副主编|

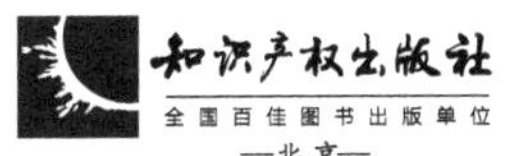

—北京—

图书在版编目（CIP）数据

非物质文化遗产知识产权保护调查研究/苏平主编. —北京：知识产权出版社，2024. 12. —（知识产权保护和运用调查研究系列丛书）. —ISBN 978-7-5130-9645-4

Ⅰ. D923. 424

中国国家版本馆 CIP 数据核字第 2024XP6558 号

责任编辑：韩婷婷　　**责任校对**：王　岩

封面设计：研美设计　　**责任印制**：孙婷婷

非物质文化遗产知识产权保护调查研究

主　编　苏　平

副主编　范小渝　郑伟明

出版发行：知识产权出版社有限责任公司　　**网　　址**：http://www.ipph.cn

社　　址：北京市海淀区气象路 50 号院　　**邮　　编**：100081

责编电话：010-82000860 转 8359　　**责编邮箱**：176245578@qq.com

发行电话：010-82000860 转 8101/8102　　**发行传真**：010-82000893/82005070/82000270

印　　刷：北京建宏印刷有限公司　　**经　　销**：新华书店、各大网上书店及相关专业书店

开　　本：720mm×1000mm　1/16　　**印　　张**：8.5

版　　次：2024 年 12 月第 1 版　　**印　　次**：2024 年 12 月第 1 次印刷

字　　数：131 千字　　**定　　价**：59.00 元

ISBN 978-7-5130-9645-4

序言

PREFACE

习近平总书记强调，“调查研究是谋事之基、成事之道”，“创新是引领发展的第一动力，保护知识产权就是保护创新”。为了提高大学生社会调查能力和知识产权保护的热情，塑造尊重知识、崇尚创新、诚信守法、公平竞争的知识产权文化理念，为知识产权强国建设献计献策并提供数据支撑，重庆理工大学与重庆市知识产权研究会于2023年联合举办了首届全国大学生知识产权调研大赛。大赛由重庆理工大学重庆知识产权学院、重庆理工大学科技创新知识产权研究中心、重庆理工大学重庆市知识产权文化教育传播基地承办，重庆士继嘉知识产权研究院、重庆顾迪知识产权运营集团协办。

本届大赛吸引了来自中国人民大学、中国科学院大学、北京师范大学、对外经济贸易大学、中南大学、北京理工大学、华东政法大学、西南政法大学、南京理工大学、重庆理工大学等多所全国知名高校的近百支队伍参加，在全国知识产权领域产生了广泛影响。

“知识产权保护和运用调查研究系列丛书”系全国大学生知识产权调研大赛优秀获奖作品的结集出版，首届大赛获奖作品按照主题共出版三本，分别是《非物质文化遗产知识产权保护调查研究》《校企知识产权保护调查研究》和《地理标志保护调查研究》。希望本丛书的出版能够为知识产权强国建设和区域知识产权发展提供数据支撑。

重庆理工大学重庆知识产权学院
重庆科技创新知识产权研究中心　苏　平

2024年12月

目录

CONTENTS

四川省彝族非物质文化遗产知识产权保护情况调研报告*

——以彝绣、漆器、银饰、音乐作品为例

一、调研概述

（一）调研背景

彝族是中国第六大少数民族，[①] 古彝文字是世界六大古文字之一，彝族文化博大精深，源远流长，是中华优秀传统文化的重要组成部分。四川省内的彝族地区位于四川省西南部，位于川、藏、滇三省（区）交界处，包括凉山彝族自治州及乐山市峨边县、马边县和金口河区等区县，其中凉山彝族自治州是我国最大的彝族聚居区和彝族原生态文化保存最完整的地区，截至2024年10月，凉山州已拥有20项国家级、138项省级、341项州级、571项县级非物质文化遗产项目，是我国文化自信建设中浓墨重彩的一部分。其中，彝族刺绣、漆器髹饰技艺、银饰制作技艺、传统音乐作品历史悠久，与几千年来彝族人民的生活息息相关，且皆为国家级非物质文化遗产。然而彝族地区相对闭塞，法律意识也相对淡薄，面对新时代复杂的文化传播与市场环境，彝族非物质文化遗产的传承面临着断层的危险，这不仅让刚萌芽的文创市场受到了考验，也让基于彝族非物质文化遗产作出的创新遭遇到侵权的困扰。

* 作者：谢妍珍，西南科技大学法学院2020级本科生；杨万亿，西南科技大学法学院2020级本科生；于子桐，西南科技大学法学院2021级本科生；周涛，西南科技大学法学院2021级本科生。

① 据较新的统计数据，彝族的人口数量在中国少数民族中排名第六。

彝族非物质文化遗产如何在传承中发展，在发展中发扬光大，值得进行相关的调查与分析。

（二）调研目的及意义

此次调研通过走访调查、数据收集、填写问卷的方式，选取彝族非物质文化遗产中最具代表性的彝绣、漆器、银饰和音乐作品作为调研客体，旨在深入了解政府主体、商业主体和文化主体对于彝族非物质文化遗产的文化传承与商业开发现状，并就前述两方面工作中的知识产权保护情况予以调查。同时，结合知识产权与管理学等学科的专业知识对调查结果进行分析探讨，总结彝族非物质文化遗产保护所面临的问题，提出合理性、可行性的建议与方案。

此次调研贯彻落实党的二十大精神，秉持法治思维并运用法律法规保护非物质文化遗产，从彝族非物质文化遗产入手，以法护航彝族非物质文化遗产的创新发展和传承保护，以此为我国其他非物质文化遗产的知识产权保护提供参考，让公众认识到通过知识产权助力非物质文化遗产保护和相关产业发展的重要性和必要性。

（三）国内外研究现状

在中国知网（CNKI）网站的中国期刊全文数据库中，分别以“彝族非物质文化遗产”“非物质文化遗产知识产权保护”“彝族非物质文化遗产知识产权保护”为主题词进行检索，截至2023年9月，共检索到相关文献1018篇。根据检索到的文献，可以发现关于彝族非物质文化遗产的知识产权保护研究现状如下：

1. 非物质文化遗产的概念及分类较为明确

国内学者向云驹将其分为三个层次。第一层次是广义的非物质文化遗产，包括口头和无形遗产，与物质遗产和遗迹相对应；第二层次是狭义的非物质文化遗产，以口头和非物质遗产为主，包括民间文学、文艺、技艺、知识、民俗文化、表演艺术等；第三层次是以狭义的口头和非物质文化遗产为主体，以广义的口头和非物质遗产为补充。在非物质文化遗产的类型方面，根据

《国家级非物质文化遗产代表作申报评定暂行办法》第 3 条，将其划分为两大类，一类是传统的文化表现形式，如民俗活动、表演艺术、传统知识和技能等；另一类是文化空间，其兼具空间性和时间性，定期举行传统文化活动或集中展现传统文化表现形式的场所。不过，研究者们并未对非物质文化遗产的类型进行详细的划分，只是用智力劳动成果对其进行了总结描述。

2. 国内关于非物质文化遗产保护的研究成果丰富

此类研究经历了两个不同的阶段，分别为“非遗时代”和“后非遗时代”。在“非遗时代”，保护措施主要集中在四个方面：政府立法保护、民间原生态保护、市场生产性保护以及高校参与传承和保护。2014 年，进入“后非遗时代”，不同学科如艺术学、地理学、历史学、法学、教育学、档案学、社会学和建筑学等开始从各自的专业视角参与非物质文化遗产保护实践。这种多学科、多视角的研究为非物质文化遗产保护引入了新的理念和方法。

3. 非物质文化遗产知识产权保护的主体已明确

目前，学术界已明确划分了三类非物质文化遗产权利主体。第一类是最常见的集体型权利主体。此观点是基于创造者的角度提出的，谁创造谁就享有权利，即群体或社区是非物质文化遗产的权利主体。第二类是根据具体情况确定权利主体。若可以确定具体的创造者，那么权利主体就是个人，若不能确定，则权利主体为群体或社区。第三类是多元权利主体。主张此观点的学者不仅考虑了非物质文化遗产的创造者和传承者，还考虑到保护非物质文化遗产的主体也可以成为权利主体之一，即除了群体可以成为权利主体外，个人和国家也都是非物质文化遗产的权利主体。

4. 非物质文化遗产知识产权保护的权利内容存在争议

通常，国内学者将非物质文化遗产的权利内容划分为经济权利和精神权利，但对于这些权利的具体内容存在一些争议。非物质文化遗产与一般的知识产权产品有一些不同之处，因为其知识产权的保护注重文化传承和防止不正当占有，而不仅仅是市场垄断和经济利益。此外，非物质文化遗产的权利主体可以是个人或集体，对非物质文化遗产的权利可以是私有或公有，因此不能简单地套用传统知识产权的权利内容。然而，非物质文化遗产和知识产权在其权利内容方面都具有双重属性。因此，构建非物质文化遗产知识产权保护体系的关键之一是借鉴现代知识产权制度，同时结合非物质文化遗产的特点来确定权利内容。

5. 非物质文化遗产知识产权保护模式存在较大争议

非物质文化遗产知识产权保护模式上的争议，存在几种主流的观点和方法。（1）分类保护模式：基于现代知识产权制度，根据不同的非物质文化遗产类别采用著作权、专利权、商标权、商业秘密和地理标志等不同的保护方式。（2）综合保护模式：将积极性保护和防御性保护相结合。积极性保护赋予非物质文化遗产权利主体权力，以便其采取积极措施应对侵权或滥用行为，同时采取防御性措施以阻止不正当使用。（3）公私结合保护模式：结合了公法保护和私法保护。公法保护是指国家通过公权力来保护非物质文化遗产，而私法保护主要是使用知识产权法来维护非物质文化遗产权利主体的私权益。（4）特别法保护模式：在现代知识产权制度框架下，完善2011年制定的《非物质文化遗产法》，将其独立于民事权利之外，为非物质文化遗产提供特别的法律保护。

需要指出的是，实践中还存在反对传统知识产权保护模式的声音，这些观点强调非物质文化遗产的特殊性，认为知识产权的保护应重点关注文化传承和防止不正当占有，而不仅仅关注市场垄断和经济利益。因此，如何根据非物质文化遗产的特点来制定权利内容和保护模式，仍然是一个争议性问题。

6. 非物质文化遗产保护在国际上已积累了丰富的经验

联合国教科文组织提出了采用行政性措施来保护非物质文化遗产，但也意识到知识产权对非物质文化遗产的重要性。美国采用了“登录制度”，通过注册和登记来确认非物质文化遗产的资格。日本为身怀绝技的民间艺人和工匠进行“人间国宝”认证，并赋予他们文化财产的持有者和守护者的权利和义务。韩国建立了完善的舆论监督体系，并设立非物质文化遗产委员会。英国的艺术人类学教授强调，非物质文化遗产的延续需要使其中的象征和符号能够被受众所理解。这些国际经验均为我国的非物质文化遗产保护提供了有益的启示。

二、调研方法

（一）走访调查

此次社会调研中，我们在四川省凉山彝族自治州的多个地区进行了走访调查，通过参观、采访、体验、查阅文献等方式调查了彝绣、漆器、银饰、音乐作品等非物质文化遗产的保护情况。主要走访的地方包括：（1）四川省凉山州图书馆；（2）四川省凉山州彝族奴隶博物馆；（3）四川省西昌市火把广场；（4）四川省西昌市大凉山民族创意产业园；（5）四川省西昌市知识产权局；（6）四川省西昌市将军会馆彝人造物；（7）四川省西昌市彝文研究所；（8）四川省喜德县漆器髹饰技艺传习所；（9）四川省力恒律师事务所；（10）四川省越西县市场监管局及当地的非物质文化遗产保护中心；（11）鼎宏知识产权服务集团有限公司。

此外，走访调查还包括对彝族非物质文化遗产传承人、彝族原创音乐人、独立设计师、相关部门工作人员进行访谈，在问题设计上主要针对非物质文化遗产的收集和传承、影响彝族非物质文化遗产创新的原因、非物质文化遗产保护工作、当地商标注册、专利申请具体情况等进行调研，最终获得 20 份完整访谈数据。

（二）问卷调查

此次社会调研还进行了问卷调查工作，共收集了 230 份问卷，全部有效。具体题目的调查目的如下：（1）第 1—3 题确定调查对象所属群体，判断调查对象群体结构是否合理，所得结果是否具有普适性。（2）第 4 题主要考察调查对象对彝族文化的了解程度。（3）第 5—7 题主要考察调查对象对彝族非物质文化遗产工艺品的消费倾向。（4）第 8 题主要考察调查对象购买彝族非物质文化遗产工艺品的渠道。（5）第 9 题主要考察调查对象对彝绣的了解程度。（6）第 10—11 题主要考察调查对象对彝族服饰品牌的了解程度和了解渠道。（7）第 12—13 题主要收集调查对象对彝族服饰产业发展的看法。（8）第 14—15 题主要考察调查对象对彝族音乐的了解程度。(9) 第 16 题主要考察调查对象对著作权法的认知程度。(10) 第 17 题主要收集调查对象希望通过哪些途径了解彝族文化的相关信息。(11) 第 18—19 题主要考察调查对象对知识产权侵权行为的敏感程度。(12) 第 20—22 题主要收集调查对象对彝族非物质文化遗产产业发展的意见。通过上述题目可以获知调查对象对彝族非物质文化遗产的了解情况、对彝族非物质文化遗产产业发展的意见及知识产权保护意识的敏感程度等。

(三) 数据收集

此次社会调研利用国家知识产权局官网、SooPAT 专利检索网站、权大师商标查询网站、企查查企业信息查询网站等检索平台收集了四川省及周边地区与彝绣、漆器、银饰、音乐作品等非物质文化遗产有关的知识产权保护数据，主要分为商标、专利、版权登记三大板块。通过对上述数据的分析和梳理，能够客观全面地认知彝族非物质文化遗产的知识产权保护现状。通过对彝族非物质文化遗产的商标、专利以及版权等知识产权申请注册数据进行整理，共收集到 514 个商标数据、40 个专利结果以及 19 件相关版权登记作品。

(四) 法律法规及政府政策的收集

此次社会调研收集了我国现行的与非物质文化遗产保护有关的法律法规，以及四川省各地政府发布的与彝族非物质文化遗产保护有关的政府文件。通过对法律法规及政府政策的收集和梳理，明晰了当下四川省彝族非物质文化遗产的制度条件。

三、调查结果及分析

根据开展彝族非物质文化遗产传承与保护工作主体的不同，此次社会调研从文化主体、政府主体和商业主体三个方面出发，针对前文所述调查方法所收集到的数据资料，分析了前述三个主体传承和保护彝族非物质文化遗产的现状。

（一）文化主体非物质文化遗产保护现状

1. 彝族非物质文化遗产种类丰富

彝族的历史文化悠久，孕育了多样的非物质文化遗产。中国美术学院的高文老师在其主讲的《古彝-中华同源文化与乡村美育建设》中提出，彝族文化非常古老，从文字上看，可追溯到几千年甚至上万年前。在历史悠久的彝族文化中，诞生了诸如彝绣、漆器、银饰、音乐等富有民族特色的非物质文化遗产。彝族非物质文化遗产种类繁多，其传承的方式也较为传统。凉山州彝族文化研究所所长表示，漆器、彝绣等创作过程中不同的花纹、款式代表着不同的含义，这些知识和技艺都依靠彝族人民的生产生活，以及非物质文化遗产传承人的代代师承得以延续。据国家级漆器传承人介绍，彝族漆器工艺具有制作流程多、工序复杂、纯天然的颜料选择、颜料上色极具讲究性等特点，因此传承难度较大。银饰在彝族传统文化中占有重要的地位，正如彝族人常说的，“彝族人对银饰的钟爱，是从祖先那里传承而来的”。越西县非物质文化遗产中心主任介绍道，银饰加工工序繁杂，是一个细致的技术活，在这个过程中需要使用的工具就有200多种，每件银器制作前都要精心设计，且需要经过20余道工序方可制成。因文化底蕴深厚，且市场价值较高，银饰技艺得到了良好的传承。凉山原创音乐人介绍道，彝族音乐类非物质文化遗产主要体现在乐器和民歌上，彝族民族音乐主要与彝族的历史故事、劳作生产、婚丧嫁娶有关，是彝族文化的重要载体。彝族的传统乐器诸如克智、月琴、口弦、牛牛荷、克举尔西等都由其传承人进行宣传和推广。但彝族音乐传承人大多没有经过系统的音乐理论训练，缺乏基础的识谱和记谱技能，因此主要通过“口耳相传”的方式传承，这在一定程度上影响了音乐的乐谱留存和传承。

凉山州图书馆馆长介绍道，目前凉山州图书馆中收藏着与彝族文明历史、民族文化发展、传统习俗发展、非物质文化遗产有关的若干图书，以及当地习惯法等法律相关图书，但由于历史遗留原因，大量经典图书未得到有效集中保护及留存。目前，图书馆、博物馆等相关文化机构通过四处探访的方式，来收集散落在各户的图书，以扩充相关文化图书量。可见，彝族非物质文化遗产相关文献的缺乏也不利于非物质文化遗产的传承。

通过对彝族非物质文化遗产传承人的采访，笔者了解到彝族非物质文化遗产具有悠久的历史，其核心知识和技艺都得到了良好的传承，并未出现文化断层和历史断层等不良现象。但是彝族非物质文化遗产传承的方式具有传统性，因此不排除存在断层的风险。

2. 彝族文化表现形式丰富

彝族文化载体丰富，同时在当地文化主体的倡导和组织下，多种形式的非物质文化遗产活动得以开展。当地彝族艺术家积极创作大凉山民族题材的艺术作品；凉山州定期开展文化艺术节、大凉山国际戏剧节、“阿惹妞”彝文化风情实景剧、凉山彝族国际火把节等文化活动；此外，当地还不断开展诸如彝族文化讲座、文艺表演、非物质文化遗产技艺体验课程的活动来推广彝族非物质文化遗产。此类活动一方面满足了本地人的精神需求，促进了文化的传承与发展，另一方面推动彝族非物质文化遗产走出凉山，从而提高了其知名度。

虽然当地举办了诸多文化活动，但其影响范围仍然有限，存在较强的区域限制性。以彝族非物质文化遗产乐器为例，当被问及“听说过以下哪些彝族非遗乐器”时，除口弦外，其余乐器的公众知晓度都较低。因此，此类活动的影响力主要集中在凉山州地区，区域限制明显。

3. 现存文化类协会发挥作用突出

据了解，目前凉山州的文化协会有越西县彝族刺绣研究协会、凉山州音乐家协会、布拖县银饰协会、凉山州民族文化研究会、凉山州彝族玛牧文化协会等。以上协会在凉山州地区发挥着传承和发展非物质文化遗产的作用。由凉山州彝族玛牧文化协会带头的协会组织，积极参与西昌邛海国际诗歌节和非物质文化遗产进社区等活动，为进一步增强民族文化自信、促进凉山州乡村振兴而努力。

（二）政府主体非物质文化遗产保护现状

1. 政府与学校共同保护彝族非物质文化遗产

以越西县为例，当地于2020年5月9日正式成立了非物质文化遗产保护工作专家委员会。政府引导专家逐步参与非物质文化遗产保护规划的制定和实施、项目的保护与管理、数据库建设、知识产权保护等事项。结合当地实际发展情况，大力挖掘、发展更多的非物质文化遗产项目，使非物质文化遗产保护工作更加规范化、制度化。与此同时，2021年11月，越西县开展了“民族瑰宝·薪火相传——非遗进校园”系列活动，成为凉山州第一个启动非遗进校园的县城，目前已有6所学校属于越西县非物质文化遗产传承基地，并在课堂上以多种形式开展非物质文化遗产活动。

2. 知识产权相关部门积极开展工作

目前，凉山州知识产权的保护工作正在逐步推进，已建立起相对完善的制度体系及配套场所设施机制。2022年，在凉山州市场监管工作中关于加强知识产权保护和运用方面，通过了《凉山州强化知识产权保护实施方案》，聚焦知识产权行政、司法保护及维权援助等方面的具体措施。目前已经建成48个商标品牌指导站、37个知识产权服务站；与攀枝花市建立跨区知识产权保护协作机制，全面构建知识产权保护体系；深入开展知识产权“入园惠企”行动；建立知识产权质押融资需求企业库（37家），深入推进知识产权质押融资工作。

此外，当地政府也开展了一系列的知识产权宣传工作。据统计，宣传周期内，全州制作横幅、标语、展板50幅，发送手机短信20万条，制作小视频10个，开展执法检查20次，出动100人次，以日用百货、食品、农资等为重点，检查商业场所和商户共200户。组织全州17个县（市）同步开展知识产权宣传活动，通过在城市人流集中场所开展街头咨询、发放宣传资料、悬挂横幅和利用街边LED显示屏滚动播放知识产权公益宣传片等形式，加大对知识产权相关政策的普及力度。

3. 知识产权在政策与经济的驱动下蓬勃发展

政府的政策导向、经济发展方式会在一定程度上对商标、专利注册量产生影响。以越西县为例，近两年越西商标注册量迅速增加，但专利相对较少。原因在于政府积极引导当地产业申请农产品地理标志，以越西苹果地理标志为核心，致力于打造农产品区域性品牌，带动当地经济发展，助力传统产业转型升级和品牌化建设。由此可见，目前不同地区的知识产权发展工作更多体现在当地的经济发展上，如越西县主要集中在对农产品地理标志的保护上。

“十三五”期间，全州共申请专利 4935 件，其中发明专利申请 1520 件；授权专利 2706 件，其中授权发明专利 328 件。全州共申请商标 16992 件，有效商标注册 13895 件；获得驰名商标认定保护 6 件、地理标志商标 48 件，地理标志保护产品 17 件、版权登记数量 9886 件。

为鼓励群众积极保护自己的智力成果和商业标志，政府出台了一系列政策，如为在凉山州境内的专利申请人提供专项资助。目前凉山州经济以文旅带动经济、振兴乡村特色产业为导向，在商标和专利注册上，呈逐步增长趋势，发展良好。但上述知识产权注册数据针对的领域较为集中，对于非物质文化遗产相关的知识产权保护并不乐观。

（三）商业主体非物质文化遗产保护现状

1. 部分非物质文化遗产产品已形成产业链

越西县普雄镇呷古村被誉为“成昆线上彝绣第一村”，该村以“党建+合作社+彝绣产业+群众”的模式，进一步打造传承彝绣民族文化的产业，目前合作社有 778 人，专业绣娘 180 人。不仅呷古彝绣技艺、产品登上了中央电视台、人民日报社、学习强国等媒体平台，其合作社还与唯品会、意大利 ARCADIA 公司等知名商家建立了长期合作关系。

越西贡莫镇的瓦曲村是一个典型的“银饰村”，它完整保留了彝族传统的银饰制作技艺，被称为“银饰加工第一村”。瓦曲村经过 30 多年的发展，已基本形成了一条完整的产业链。

越西县彝族非物质文化遗产产业链发展模式虽已有成效，但还需要不断完善。与此同时，大部分彝族地区仍未建立适宜其发展的产业链，且宣传度不足导致品牌知名度较低。

在被问到“您认为在市场化背景下彝绣的发展最应该关注的是什么?”时，有71.3%的人选择了“产品表现形式的多样性”，61.65%的人选择了“纹饰的创新发展”，57.83%的人选择了“打造地域产品品牌化”。以彝绣为例，市场上主要为彝族传统服装，近年来，虽然也设计有彝族刺绣包包、香囊、日常短袖等，但其美学和创新价值有待提高，制作相关产品的也多为懂这门手艺的传统绣娘，少有专业设计师的参与，若两者能合作开发更多产品，实现手艺上的精湛、审美上的独特，必将会使产品更加精美，从而扩大消费市场。

2. 商业类协会建设取得一定成效

据了解，在西昌市、乐山市等部分地区有专属的产业协会和商会，这些协会日常发挥了一定的作用，但目前并不能从根源上协调解决非物质文化遗产产业市场中存在的市场竞争和知识产权纠纷。在对乐山市彝族服饰经营者的访谈中得知：店铺的发展存在市场价格混乱、机器和人工之间的成本差异大等问题，导致商家之间以价格战来进行恶意竞争；在款式、图案等方面存在抄袭乱象，扰乱了市场秩序；缺少具体的管理部门，导致商家、企业维权难度大；政府补贴有限且申请标准高，非物质文化遗产产业发展成本高；等等。此外，部分地区并没有商会、产业协会等，导致这些区域的产业没有具体的规范限制，发展混乱。彝族非物质文化遗产传承人在接受采访时表示：目前自己用传统的彝族文化和元素制作产品，创作灵感来源于日常生活环境，但对于他人在经营活动中使用和抄袭自己的作品等侵权问题难以判定。因此，目前迫切需要专业的非物质文化遗产产业协会，来提供法律援助、协助政策宣传、调解商业纠纷。同时，非物质文化遗产产业协会可以订立一些产品标准，可包括产品质量、价格等，这有助于规范市场秩序，为非物质文化遗产产业发展营造良好的氛围。

3. 相关企业逐渐重视知识产权的保护

（1）企业商标保护现状

截至2023年10月，通过在国家知识产权局官网和权大师商标检索平台上对彝族文化产业相关品牌及其商标权利人进行检索，涉及7家企业，共收集到514个商标数据。从收集到的结果可以发现，彝绣、漆器、银饰等非物质文化遗产的商标保护主要存在以下问题：

①商标数量分布不均

部分传媒企业恶意抢注囤积非物质文化遗产商标，以及占用彝族相关元素的商标。通过调研可知，部分公司有不以使用为目的的商标囤积的嫌疑，分别注册了301件和146件商标，基本上在各个商品或服务类别都申请注册了彝族相关元素的商标。这也显示了四川彝族地区知识产权保护的一个关键问题：是否有必要确定一个不以营利为目的的协会统一保护和运营彝族商标资源，或者鼓励彝族文化企业自行申请商标并自主培育和经营自己的品牌。

另外，四川省企业的与彝族相关的商标申请注册工作虽然开展情况相对较好，但地方政府仍需要进一步优化商标保护策略，鼓励四川各地彝族文化企业积极开展商标申请注册工作。

②商标申请成功率低

大量商标申请注册不成功，而无效申请给企业带来了巨大的经济负担。对商标的法律状态进行分析可知：虽然已注册的商标占比65%，但仍存在大量商标失效，或者处于驳回复审及异议状态，即存在大量商标无效申请的情况。商标的无效申请既会导致商标申请费用的增加，也会产生相应的代理费用，使得企业商标注册成本增加。因此，有必要在申请注册之前选择合适的商标注册策略，以增加商标申请成功的概率，从而尽可能地降低成本。

③商标可持续发展能力不足

商标年度注册量总体上呈递增趋势，但主要集中在某一年的大规模申请，可持续发展能力不足。通过调研2007—2022年的商标注册情况可知：彝族相关商标的申请注册量整体呈上升趋势，但主要集中在2016年、2017年和2021年，可持续发展能力不足，因此，应当考虑在文化产业的发展背景下采取循序渐进的商标申请注册策略。

（2）企业专利保护现状

截至2023年10月，通过在国家知识产权局官网和SooPAT专利检索网站等检索平台上使用“彝族”作为关键词进行检索，共收集到40个专利结果。从收集到的结果中可以发现，彝绣、漆器、银饰、乐器等非物质文化遗产的专利保护主要有以下特点：

①专利保护结构布局有待增强

专利数量少，且集中于外观设计专利。按照专利类型进行分析，将三种类型的专利数量进行对比可知：彝族非物质文化遗产相关专利数量较少，仅有40件。其中绝大多数专利为外观设计专利，发明专利和实用新型专利稀缺。造成该现象的主要原因在于彝族非物质文化遗产主要为手工艺品，对其产品外观的创新更易取得专利权，因此权利人选择产品外观设计进行保护。因此，建议在保留非物质文化遗产原有技艺的同时，可以考虑在生产工具、生产技巧上推陈出新，加强对实用新型和发明专利的保护，优化专利保护结构。

②专利申请量变化趋势不稳定

专利申请行为具有偶发性，申请量的变化也依托某一权利人的集中注册，体现为彝绣、漆器、银饰、乐器等非物质文化遗产的创新动力不足。2020年的专利数量达到峰值，其余各年专利申请量都维持在个位数。造成这种现象的主要原因是彝族非物质文化遗产相关专利年申请量少，其数量的变化来源于某权利人的集中申请数量。

（3）企业版权保护现状

通过在中国版权登记查询平台、企查查网站等平台进行检索得出，截至2023年10月，与本文调研客体有关的版权登记作品主要有19件。从收集到的结果中可以发现，彝族彝绣、漆器、银饰、音乐等非物质文化遗产在版权保护方面具有数量少、版权登记行为不主动的特点。

我国著作权的取得方式为自动取得，即作品自创作完成便会自动获得著作权，并不强制要求登记。作者在创作与彝族非物质文化遗产有关的作品后并不一定会进行版权登记，但其可以通过版权登记来获得关于创作时间的有力证据，从而保护自己的作品。调研发现，彝族非物质文化遗产作品中已被登记的数量较少，这说明作者的作品著作权保护意识还有待提高。

四、彝族非物质文化遗产知识产权保护存在的问题与措施

（一）存在的问题

根据前文对调查结果的分析，结合各主体对彝族非物质文化遗产的保护现状，笔者总结出彝族非物质文化遗产知识产权保护存在以下四点问题：

1. 非物质文化遗产知识产权主体不适格

由于版权、专利异议不具有讨论意义，因此此处主要探讨商标的异议。通过商标检索数据可以发现，部分企业囤积了大量与彝族文化有关的词汇，同时伴有抢注他人已经使用但尚未注册的商标的现象。造成这种现象的主要原因为彝族文化中的许多词汇是彝族人民在长时期的生产生活中所创造出来的，而并非某一个人或组织所独占，属于社会公共资源，但这些词汇又具有显著性，符合商标注册条件。商标局在对申请的商标进行审查时，首先审查商标是否违反禁止性规定或缺乏显著性，其次审查是否侵犯他人的在先权利，由于对于该商标是否属于彝族公共资源通常难以作出判断，因此产生了部分企业恶意注册的现象。

面对此类现象，如前文所述，彝族聚居区的许多商业主体并不具有充足的法律知识，对他人恶意注册的行为难以发现，也不知道如何提出异议。因此，需要有相关协会或组织集中对占用彝族公共资源的现象进行审查和清理。但根据《商标法》第三十三条的规定，因侵犯在先权利而提出异议的主体为利害关系人。相关协会或组织若以侵犯公共利益为由提出异议，除非证明该注册行为是属于《商标法》第四条所规定的恶意注册，但第四条恶意注册的具体判断标准还有所争议，同时具有一定的举证难度。综上，相关协会和组织对商标进行异议的主体不适格，难以保护彝族公共资源。

2. 相关协会实际发挥的作用小

协会作为重要的社会力量，对于协调市场纠纷、提供法律援助、制定行业规制、传承和保护彝族非物质文化遗产都发挥着积极作用。但是笔者通过调查发现，只有部分地区拥有行业协会或文化协会，且其协会的组织结构较

为松散，工作职责并不明确，因此大多无法发挥实际作用。

彝族非物质文化遗产相关产业的许多工作人员都在采访中表示，希望能够开设相关协会，以牵头和协调产业发展，目前协会的建设工作有待加强。

3. 三方主体工作协调配合能力差

如前文所述，文化主体、政府主体、商业主体是彝族非物质文化遗产传承和保护的核心，三者都在自己的工作领域内发挥了主观能动性，做出了诸多举措来传承和保护彝族非物质文化遗产。例如，文化主体通过开展文化艺术节、大凉山国际戏剧节、“阿惹妞”彝文化风情实景剧、凉山彝族国际火把节等文化活动宣传彝族非物质文化遗产；通过收集和整理相关文献来保护彝族非物质文化遗产。政府主体通过制定相关政策，与学校联动开展“非遗进校园”活动等，开展知识产权的保护与宣传工作。商业主体积极探索非物质文化遗产相关文化产业，在彝族的漆器、银饰、彝绣等领域中都形成了相关的产业链，商业主体也能够不断推陈出新，设计出符合潮流的实用艺术作品，部分企业也越来越重视对知识产权的保护，并申请和注册了大量商标。

但总体而言，上述三个主体之间的联动性较弱，工作的协调配合能力有待进一步提高。例如，虽然政府进行了知识产权宣传工作，但采访发现大量商家不知道应当如何保护知识产权，对知识产权侵权行为通常按照当地少数民族的习惯默许或协商，对法律解决途径并不熟悉；又如，政府出台了相关补贴政策，鼓励保护非物质文化遗产和知识产权，但商家不知道该政策或不知道应当如何申请补贴；再如，虽然一些文化协会与政府合作开展文旅活动，但此类活动给企业带来的经济效益甚微，企业多因情怀而参与筹办，因此筹办热情不足。

三方主体之间的统筹协调能力不足，导致非物质文化遗产知识产权的传承与保护工作难以落实，未发挥出预期的作用。

4. 非物质文化遗产知识产权保护能力不足

彝族非物质文化遗产相关的商业主体已经有了一定的知识产权保护意识。通过数据检索可以发现，部分企业已经申请注册了大量非物质文化遗产相关的商标，并采取了注册防御商标的商标保护策略。此外，通过采访也可以发现，部分彝族服装设计师的作品遭到了其他人未经许可的使用或抄袭，这些设计师已经产生了一定的知识产权意识，认为自己的作品遭到了侵权，并有通过法律途径获得解决的意图。

但遗憾的是上述商业主体的知识产权保护能力不足，难以及时获得有效的法律保护。虽然部分企业大量申请注册了非物质文化遗产相关商标，但其申请的大部分商标的法律状态都不稳定，且存在大量不以使用为目的的恶意注册行为。此类现象产生的原因主要是，企业具备了一定的知识产权保护意识，但知识产权法律知识不足，受到部分代理机构的错误引导而产生了大量无意义的商标保护成本。而设计师的作品遭遇侵权时，因缺乏证据保全、救济途径的相关法律知识，导致其不知道应当怎么保护，且举证难度也较大。

产生这一问题的原因主要有以下三点：（1）缺乏知识产权专业人才，导致企业法律服务体系不完备。（2）政府开展知识产权宣传工作较为浅显，从业人员并未掌握必要的法律知识。（3）法律援助工作开展不充分，对知识产权侵权案件的辅助工作落实不足。

（二）解决的措施

针对上述四个问题，可以采取以下解决措施：

1. 增设非物质文化遗产知识产权异议主体

如前文所述，相关协会或组织出于保护彝族公共利益提出异议会陷入主体不适格的困境。为解决这一问题，建议在商标审查及审理规范中增加一条关于非物质文化遗产商标的规定：地方文化部门可以作为利害关系人，在法定异议期限内，对经国家知识产权局初步审定并刊登公告的“问题非遗商标”提出反对意见，请求国家知识产权局不予注册。同时，国家知识产权局可以参考地方文化部门调研的相关非物质文化遗产的商标注册和使用情况，经审查后依法作出决定。增加地方文化部门进行商标异议这一环节，可以在很大程度上防止申请人冒用非物质文化遗产的名号进行商标注册，也可以在一定程度上避免非物质文化遗产被抢注等行为的发生。

2. 设立并完善相关协会职能作用

如前文所述，无论是解决三方主体联动不足的问题，还是解决知识产权法律援助不足的问题，抑或基于行业需求，都指向了相关协会的建设与完善工作。因此，有必要明确协会的作用、组织架构以及组建的可行性。

（1）协会的作用

结合前文的分析和总结可知，有必要建设彝族非物质文化遗产相关的文化和商业协会。其中，文化协会的主要作用为：①组织开展非物质文化遗产宣传活动。政府可以设立相关补助，由文化协会牵头举办相关活动，文化协会可以与商业协会对接，商讨和策划活动，并募集商业赞助；此外文化协会还应当掌握非物质文化遗产传承人的联系方式，鼓励和对接传承人参与活动。②组织非物质文化遗产保护工作。政府可以制定相关政策，并提供财政支持，由文化协会贯彻落实非物质文化遗产保护政策，与相关机构对接，组织收集整理非物质文化遗产文献，培养和选拔非物质文化遗产传承人。③打造面向外界的彝族非物质文化遗产形象。文化协会可以统一设立类似日本熊本县熊本熊的彝族非物质文化遗产形象，顺应信息网络的发展趋势，在抖音、bilibili等视频网站和微博、小红书等大众媒体上进行宣传。商业协会的主要作用为：①调解商业纠纷。商业协会应当为非物质文化遗产相关产业提供社会调解服务，以解决商业纠纷。②提供法律援助。商业协会应当为非物质文化遗产相关产业宣传法律知识，提供法律援助，协助企业开展取证、起诉等工作。③建立商业信息公示平台。商业协会应当设立商业信息公示平台，整理和收集有利于产业发展的信息并予以公示，同时对政府出台的新政策进行解读。④统一举办商业宣传活动，推广非物质文化遗产相关产品。商业协会应当举办展销会等相关活动，鼓励企业参加，并组织企业参与其他地区举办的类似活动。⑤引导知识产权保护工作。商业协会可以牵头注册和建设集体商标和证明商标，打造区域公共品牌，对商标恶意注册占用彝族公共资源的行为进行监控与及时清理，并指导各企业开展适合自己企业规模的知识产权保护工作。

（2）协会的组织架构

根据前文所述两种协会的作用，应当设立不同的组织架构。文化协会中应当设立：①活动策划部门，负责活动的策划和组织工作。②文化保护部门，负责对接有专业知识的机构和个人，组织开展非物质文化遗产相关材料的收集和保护工作。③宣传部门，负责打造彝族非物质文化遗产形象，并运用新媒体进行宣传。商业协会中应当设立：①法务部门，负责调解商业纠纷、提供法律援助、宣传法律知识、引导知识产权保护工作。②商业援助部门，负责宣传和解读政府政策，为企业申请补助和获取贷款提供指导和帮助。③宣传部门，负责建立商业信息平台，举办商业推广活动。

（3）组建的可行性

通过调查可以发现，部分地区已经建设有文化协会，因此，可以由政府牵头在已有的文化协会基础上进行试点改革，并给予一定的财政支持。若试点成果较好，则可在四川省内的彝族地区进行推广。商业协会可以由政府组织行业内规模较大的企业牵头，招聘或委托具有较强专业技能的人员或组织进行管理。商业协会最初可以选取部分经济发达的地区进行试点，若试点成果较好，则可在四川省内的彝族地区推广。

3. 建立第三方组织并加强其协调作用

如前文所述，文化主体、政府主体、商业主体三方组织在开展彝族非物质文化遗产传承和保护工作时，在联动性、工作协调配合能力方面都有待增强 。针对这一问题，可以考虑建立第三方组织来配合上述三方主体的工作。首先，政府出台相关政策指导和扶持非物质文化遗产保护工作，由第三方组织对政府政策予以解读和宣传，确保相关文化和商业主体能够及时收到政策信息。其次，第三方组织可以收集文化和经济主体在工作或经营活动中遇到的相关问题，整理这两大主体向政府主体提出的意见，进行综合后反馈给政府，以协助政府进行调查工作。最后，第三方组织可以提供相关的法律援助、纠纷调解、信息分享、产品宣传等服务，帮助维护彝族非物质文化遗产产业的市场秩序。

4. 加强彝族非物质文化遗产的知识产权宣传和保护工作

通过设立相关协会，可以在一定程度上分担政府对彝族非物质文化遗产的知识产权宣传和保护工作。但政府仍然需要进一步细化该项工作，主要可以从以下三个方面进行细化：（1）引进知识产权专业人才，建设法律行业社会服务机制。政府可以考虑与律师协会等法律行业相关组织或企业展开合作，开展知识产权宣讲活动，以及提供一些免费的法律咨询服务。（2）加大宣传力度，改进宣传方式。笔者通过调查了解到，凉山州为开展知识产权宣传工作制作了横幅、标语、展板50幅，发送手机短信20万条，制作小视频10个。但分散到全州各个地方，其宣传力度事实上是不足的，并且宣传方式较为传统，不具有针对性。在走访调查中，非物质文化遗产传承人提出了“普法进农村”和“普法进校园”的普法宣传方式，针对农村和学生的文化水平、生活习惯，用通俗易懂的语言宣传知识产权。因此，在原有的宣传方式上，可以考虑通过增加法治课堂、为非物质文化遗产传承人开展知识产权讲座等方式，针对不同人群制定不同的宣传方式。（3）有针对性地传播知识产权法律知识。虽然当地政府开展了知识产权宣传工作，但通常都为倡议性宣传，当地居民并不清楚哪些行为构成侵权，被侵权了可以通过什么途径获得救济。因此，在宣传时，应当重点列举针对彝族非物质文化遗产可能出现的侵权行为，通过设立并宣传咨询热线，让遭受侵权的民众可以及时获得法律援助。

五、结语

随着全球经济一体化的深化，非物质文化遗产所蕴含的巨大经济价值越发凸显，已经成为彰显国家特色和提升国际竞争力的核心要素之一。在我国积极推进国家知识产权战略的大环境下，对相关非物质文化遗产进行知识产权保护显然具备可行性和必要性。

尽管目前该行业已有多项关于非物质文化遗产知识产权保护的研究成果，但尚未形成一套切实可行的实践性知识产权保护方案。本调查报告以四川省彝族非物质文化遗产为基础，分析了彝族非物质文化遗产的传承状况和知识产权保护现状，指出了其中存在的问题，并从加强非物质文化遗产知识产权法律保护和发挥非物质文化遗产相关各方主体积极性的角度提出了建议。由于知识和能力的限制，笔者提出的意见和建议可能存在不成熟之处，但我们仍然期望通过此次调研报告为非物质文化遗产的保护事业贡献一份力量，引发更广泛的社会关注，鼓励更多人积极参与非物质文化遗产的保护工作。从知识产权的角度综合保护非物质文化遗产是一项宏大的任务，需要不断地研究和完善，以提升保护水平。

关于我国中医药知识产权保护现状的调研报告*

一、引言

本次调研采用定量研究、访谈问卷研究、归纳与演绎等方式方法，旨在明晰行业需求、坚持群众观点、了解大众视野。由点及面，从特殊到一般，从个性到共性，分析中医药知识产权保护面临的现实问题，并给出对策建议，以期为中医药知识产权保护未来的发展提供思路和方向。

二、调研及数据分析

（一）背景调研

为更加了解中医药行业的现实发展情况，课题组前往某大型央属药企进行了实地走访。通过与讲解员和相关负责人的交流，课题组从中医药的起源开始对中医药进行了较为系统全面的了解。

中药材根据不同的类别细分为植物药、动物药以及矿物药。课题组在走访过程中了解到，动物药因《中华人民共和国野生动物保护法》的出台，其入药受到了较大的限制；矿物药又因其毒性较大，必须通过医生的处方入药，在日常病症当中使用频率较低。因此，此次社会调研及其问题分析解

* 作者：李璐希、张雅涵、邓明湘、罗翔、田昊雨，西南政法大学国际法学院2022级本科“一带一路”法律人才实验班成员。

决，课题组选择了与日常生活关联度较高的植物药为切入点展开。

在走访过程中，课题组也实地观察了部分中药材的生长状况，并根据不同药材对生长环境的不同需求，进一步理解了道地药材的区分意义。在参观中药馆的过程中，课题组较为深入地了解了中药材的炮制方法，以及药方的搭配等专业问题，对于与其相关的院内制剂、商业秘密保护等问题也有了更加深刻的认识。课题组还参观了企业品牌馆，了解了中药企业的主要产品，并就相关的药品名和商标申请的问题仔细询问了负责人，从而使课题组对中医药商标申请有了更加清晰的认识。

通过实地走访，课题组对中医药企业的现存问题，以及中药材的生长、炮制、配方等专业性较强的问题有了较为深刻的认识，为后期采访调研以及相关问题的提出和解决提供了思路和充分的实践支撑。

（二）社会采访

为进一步了解行业需要，寻找中医药知识产权保护的真实痛点，课题组从中医药药材企业、大型中医药药企以及中药老字号企业入手，了解行业相关情况。

通过访谈，从行业视角出发，笔者总结出现阶段我国中医药知识产权保护面临的问题主要有以下七点。

1. 中医药自身历史原因导致的创新性缺乏问题

中医药自身历史原因导致其创新性、新颖性难以直接体现。尤其是中药在现代化生产条件之下，由原料、配方、工艺到最终成品，均需要制定相关质量标准并经国家药监局严格审核，这使得其药方保密难度大；我国中药专利申请需要公开药方全部内容并精确至克，这又对专利申请极为不利。同时，在组方工艺不变、报道较为完善的基础上寻找创新点申请专利异常困难。

2. 中医药知识产权保护制度不完善，社会保护意识不高

在我国虽可以对新药的专利申请续保，但续保难度大、手续繁杂，而中药药方申请专利需要公开全部药材明细，这不利于保护中药药方。我国知识

产权保护相关法律法规没有对中医药形成特殊化对待，而中医药由于历史原因在创新性等诸多方面与其他专利申请有较大区别，这也成为我国中医药知识产权保护的漏洞。

在访谈中我们得知，现阶段我国社会对于中医药知识产权没有明确认知，消费者在选购中成药或在中医院就医时也不会关注药品的独家性，中药药剂没有形成社会影响力和独家品牌，这对于中医药知识产权的发展是极为不利的。

3. 中药道地药材保护的特殊性未受重视

在采访两位中医药企业知识产权相关负责人时，我们了解到在中医药生产的完整产业链中，其原材料一般来源于特定道地药材。所谓“道地药材”，是指历史悠久，在具有良好气候、水土条件的区域进行种植，不断培育发展出优良品种，再经特殊工艺炮制加工生产出的特色鲜明、品质优良、疗效突出的药材。

由于我国的地理原因，不同地区的气候、土壤等存在较大差异，中药材在不同地区的生长环境不同，造成了同种药材因产地不同而产生的巨大质量差异。而质量差异带来的价格以及药品品质的差异，使得药材生产地常与药材名连用。

但对于中药材，我国社会未将其品质作为主要评价标准，道地药材也并未给企业带来预期的商业价值。因此全国申请地理标志保护的药材较少，比例仅为药材总数的 23%。在访谈中，某大型中药材企业负责人表示，道地药材保护具有极大的特殊性，需要全社会构建共识，重视中药材的知识产权保护问题。

4. 中药制剂专利申请面临的现实难题

中药制剂尤其是院内中药制剂对于医院有着极大的商业价值，其在制成成药前可以在院内流通，制成成药后可以上市流通，且其创新药方和创新工艺均符合专利申请标准，因此对中医院来说，院内制剂有较大的知识产权保护的现实需求。

事实上，现阶段我国鼓励院内制剂制成成品药上市销售，因其在临床试验和药效反馈上要明显优于实验室或研究所研制的药品，在很多方面存在着极大的优势。但我国对中药制剂专利申请的要求高，需要公布全部药材和剂量，且申请专利后想要续保极其困难。虽然仿制制剂和其制药工艺并非易事，实质上形成了独家药方的局面，但不排除出现仿制制剂的可能性，因此，其想继续受到知识产权保护的难度较大。

在访谈中，中药企业负责人还特别指出，我国在职医生研发院内制剂情况较多，但医生自身缺乏影响力且知识产权法律意识薄弱，这也是院内制剂申请专利比例小的重要原因之一。

5. 商标申请规则复杂与中药自身特点的矛盾问题

要明确商标、药品名和药品通用名之间的不同之处，对中药产品来讲，药材剂量相同即可以命名为相同的药品通用名。我国药品商标、药品名等的申请和管理规则未成体系，也未对中药成药和中药药剂这一类历史传承时间长、涉及药材品类多的药品专门设置申请条例，这都不利于中药的发展。

6. 中医诊疗方法经验要求高不易申请专利

中医诊疗方法虽然是我国传统中医药的重要一环，但由于其诊疗手段无法清晰描述，针灸、艾灸等中医药诊疗手段使用频率高，不同医院或诊所无法清晰描述诊疗手段的差异，且中医诊疗手段对经验要求高，具有较大社会影响力的诊疗手段多为家传，这对专利申请也有极大的限制。

现阶段，我国的年轻群体对中医诊疗手段认可度不高，诊疗方法也未能带来较高的商业价值，从而不利于中医诊疗方法知识产权保护体系的建立和发展。

7. 日韩等国家抢注汉方专利影响我国中医药专利发展的现实问题

日韩等国家由于历史原因注重对汉方药形成知识产权保护，其部分汉方成药挤占了大量本属于中医药的市场份额，给中药成药的专利申请和发展造成了一定程度的阻碍。

前期的社会调研中，课题组以中医药供给侧为主要切入角度。调研发现，近年来中医药知识产权申请量和授权量呈增长趋势，但科研成果转化率不高，一些成效显著的中医药疗法在群众中缺乏认知度，造成其收益难以承担前期较大的投入，从而不利于中医药知识产权保护及其市场的可持续发展。

为进一步了解中医药消费的社会基础，课题组发布了社会调研问卷，问卷以不特定群众为调研对象，旨在了解群众对中医药的认可程度及中医药知识产权保护现状。

（三）问卷调查

本次调查运用定量研究的方法，研究关于“群众对中医药的认可程度及知识产权保护现状认识”的调查问卷。本问卷共收到618份有效回答。问卷基数大、涉及范围广，对本次调查研究有较大的参考价值。

问卷人群的性别分布较为均匀，男性占比为42%，女性占比为58%（见图1）。

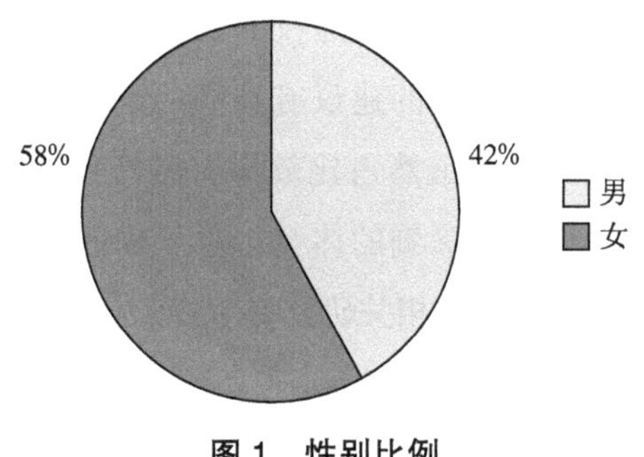

图1　性别比例

问卷人群的年龄阶层分布范围较广。其中30岁以上（含30岁）人群数量较多，占比为60%，作为在普遍认知中更加了解并依赖中医药的群体，这一群体对于中医药知识产权建立的社会受众基础研究有重要意义；同时，占比为40%的30岁以下人群，对于研究中医药在年青一代人中的认可度，以及这一群体对中医药知识产权的了解程度有着重要的研究价值，这也是分析中医药知识产权未来发展趋势的重要依据（见图2）。

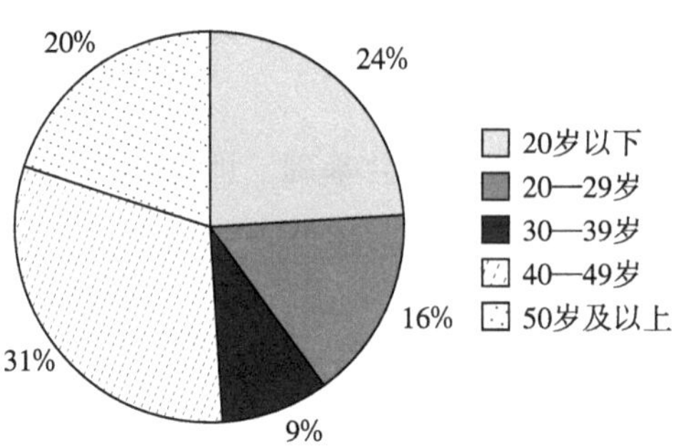

图 2　年龄比例

问卷人群的行业分布较为广泛。填写调研问卷的有效人次中学生群体占比最大，这一群体作为我国中医药知识产权建设和未来发展的中坚力量，其对中医药知识产权的了解和展望对于我国相关法律规制、知识宣传都有较大的启发意义；国家机关、事业单位负责人等占比仅次于学生，作为机关和企事业单位负责人，其对于中医药知识产权的认识和思考可以代表较大部分的社会群体，对于未来发展和规制的建议有较高的参考价值；其中值得特别关注的是中医药相关从业人员，虽然占比较小，但其身处行业中，对于中医药知识产权所面临的问题有更加深刻的体会，对于中医药知识产权的未来发展也有更加全面的思考，因此其对相关研究有重要意义（见图 3）。

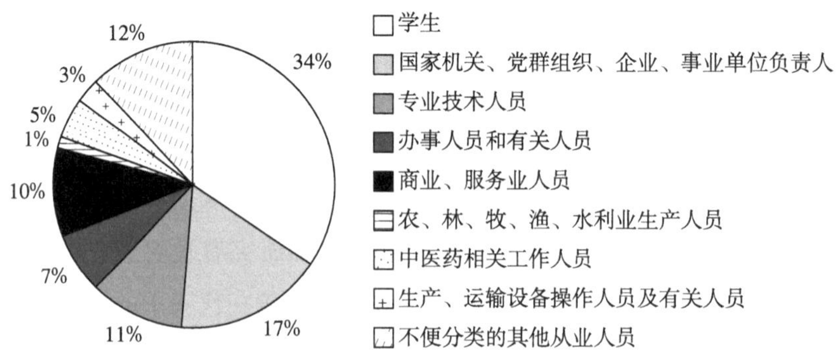

图 3　行业分布情况

问卷有效填写人次中，选择中西医结合的人群占比最大。选择中医诊疗的疾病中，以内分泌系统疾病等治疗周期较长、需要运用传统药物进行调节的疾病类别为主。这说明，我国中医药社会基础不牢固，使用率较低。中医药诊疗作为社会群体了解并保护中医药知识产权的重要渠道，没有得到良好的运用，也说明社会群体对我国中医药知识产权相关问题的关注度较低，其建设和发展也因这一社会壁垒而变得较为艰难（见图 4、图 5）。

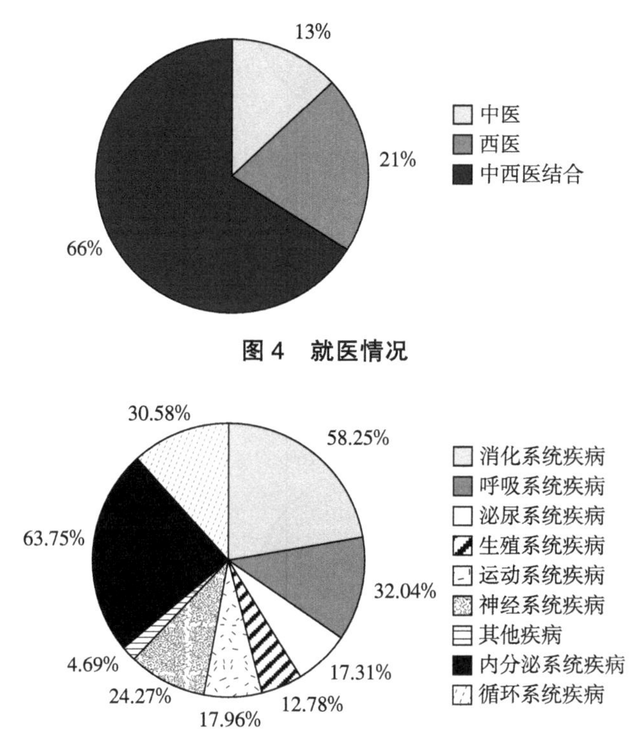

图 4　就医情况

图 5　中医就医疾病分布

新冠疫情暴发后，我国在疫情高发期间运用传统中医药药方以及“五禽戏”等健身操提高了公民的免疫力，中医药在疫情防控期间也得到了广泛的推广。关于“新冠疫情是否影响对中医的选择”，70% 的被调研人群选择“否”。这说明，恰当的宣传方式、良好的治疗效果，再结合中医药在我国几千年来的文化基础，能够使中医药在我国社会得到更加广泛的认可与应用，从而为中医药知识产权保护奠定良好的社会基础（见图 6）。

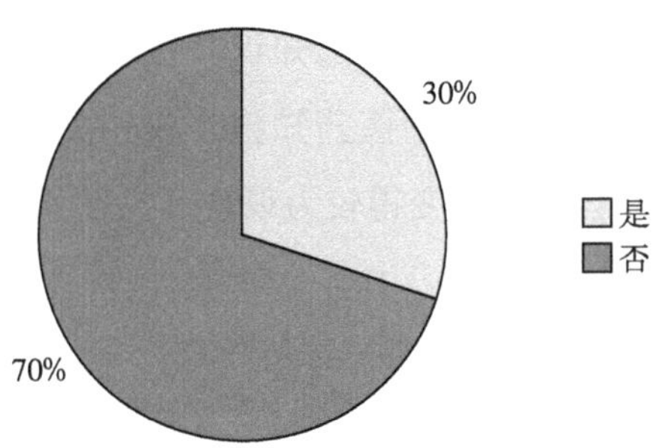

图 6　新冠疫情是否影响对中医的选择

近年来，中医药文化及理疗方法在社会上被大量宣传推广，但成效甚微，从问卷数据中不难看出我国中医药文化的宣传现状，图 7、图 8 的数据表明，我国现阶段中医药宣传手段尚不完善，涉及范围尚小，因而，中医药宣传和发展作为中医药知识产权社会基础建立的重要前提任重而道远。

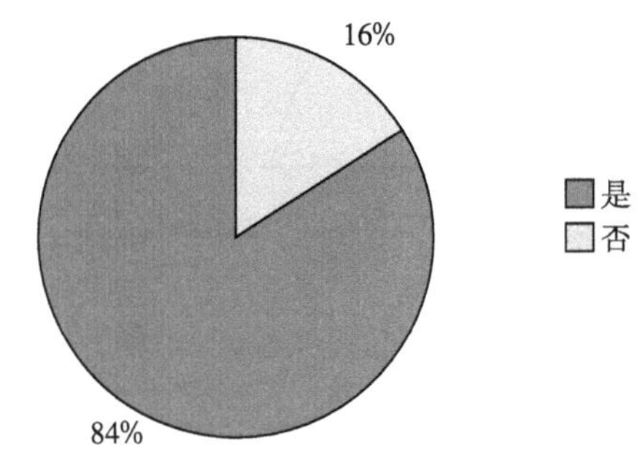

图 7　是否尝试过中医理疗

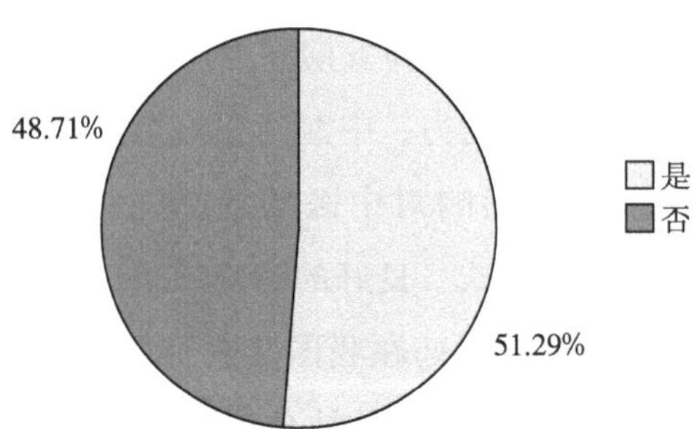

图 8　是否观看过中医药相关纪录片

约42%的问卷填写者认为现阶段我国社会中没有中医药知识产权保护的意识。这一数据远高于我们设计问卷时的预期。近年来，知识产权保护作为社会热点受到广泛关注，但相比其他科技创新类知识产权，由于中医药的特殊性，其知识产权保护的现状不容乐观，当前我国公众的中医药知识产权保护意识和中医药知识产权保护能力仍有待提升（见图9）。

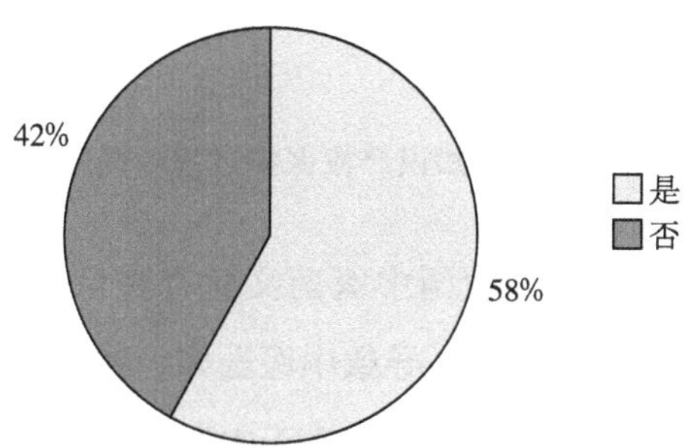

图9　社会是否有中医药知识产权保护意识

43%的有效填写人次选择了“中医药传承断代问题严重，知识产权归属认定难”，这一问题的确属于我国中医药传承发展的核心问题之一。由于传承时效长，中药古方、饮片尤其是古方制成的中成药等难以准确确认知识产权归属，从而使我国中医药知识产权发展与中医药传承存在着不易调和的矛盾；35%的有效填写人次选择了“中医药原材料易被偷换药材、增减剂量等仿制新药”，中医药在饮片、中成药等制作上有其自身的特殊性，在药方等制作过程中与西药相比没有精确的计量要求，且中草药在药方中用同效草药代替的可行性高。这对我国中医药药方等的专利申请造成了客观上的限制，使中医药药方专利化更加难以实现；7%的有效填写人次选择了“中医药行业涉密人员多，泄密风险高”，中医药行业研发创新与其他医药行业存在较大区别，主要以科研人员不断调整药材配比以达到药方的创新疗效，而非通过理化技术进行药品研发，且中药药方、疗法等流通范围较广，涉密人员人数众多，难以对泄密风险进行有效防范（见图10）。

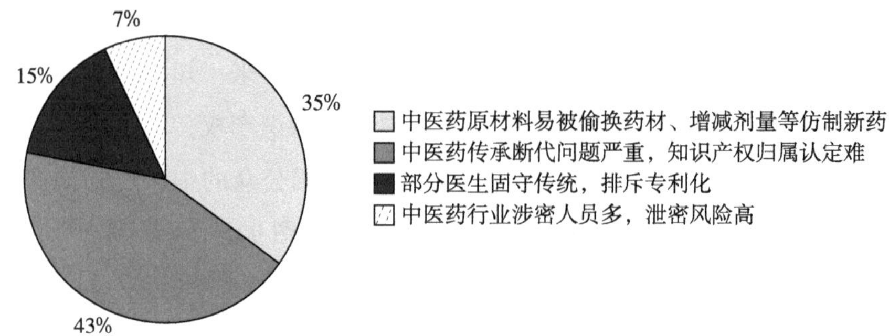

图 10　我国在中医药知识产权保护过程中面临的主要问题

这一现象也从侧面说明了我国中医药文化存在巨大的价值潜力，但我国对其关注时间过晚、关注度较低，导致中医药知识产权保护有很大提升空间。

79% 的有效填写人次并不了解我国关于中医药知识产权的相关法律法规。2022 年 12 月 22 日，《最高人民法院关于加强中医药知识产权司法保护的意见》发布，关于中医药知识产权保护的法律法规和指导意见相继推进，但保护中医药知识产权的特别法仍然缺位，中医药知识产权在实践中的认定和纠纷解决只能依靠我国知识产权法体系及《中华人民共和国中医药法》中的相关法律规定进行适用处理。特别法缺位、其他相关法律普及不到位，导致社会群体对中医药知识产权相关法律法规了解的缺失（见图 11）。

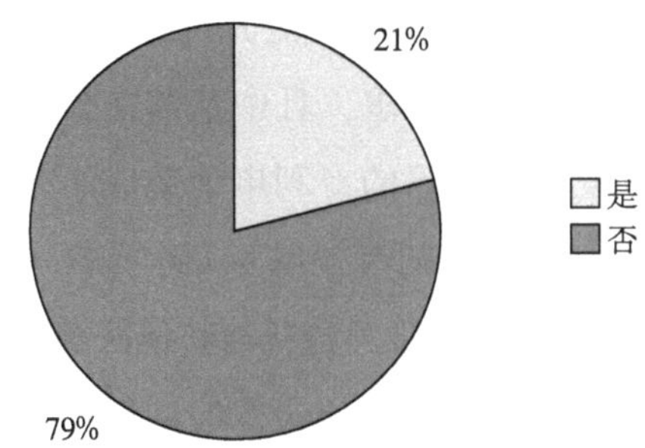

图 11　是否了解中医药知识产权的相关法律法规

关于我国在中医药知识产权保护中具备的优势，36% 的有效填写人次选择了“传统文化底蕴支撑”，中医药文化历史悠久，在几千年的生活实践和与疾病作斗争的过程中不断丰富发展，形成了具备独特理论和诊疗方法的完整医药学体系，理论和实践均有丰富成果，这一底蕴支撑为中医药知识产权保护提供了肥沃的土壤；24%的被调研人群选择了“国家政策的大力支持”，近年来中医药保护相关利好政策暖风频吹，“十三五”期间，中医药发展顶层设计加快完善，政策环境持续优化，支持力度不断加大，这为社会中医药知识产权的保护提振了信心并指明了工作方向；22%的被调研人群选择了“较大的社会需求”，中医作为根植于中国社会的医学体系，具有广泛的社会受众基础，其能够为我国中医药知识产权保护提供社会基础；18%的有效填写人次选择了“有较完整的中医药产业链条”作为我国进行中医药知识产权保护的优势，中草药种植、研发、生产、销售整个产业链完整，整个环节中包含的知识产权丰富，提供了众多中医药知识产权保护的机会（见图 12）。

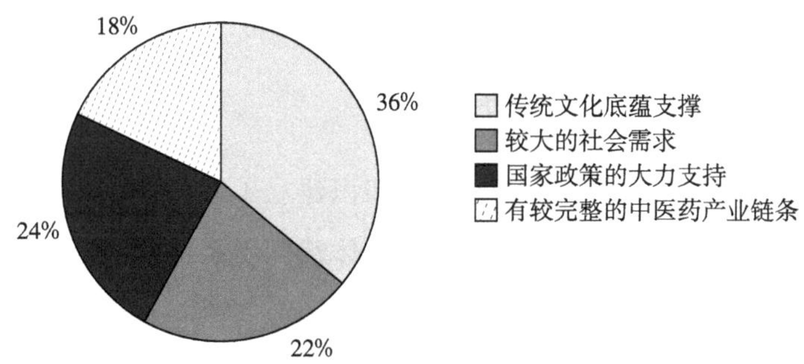

图 12　我国在中医药知识产权保护中具备的优势

关于“我国中医药知识产权保护的不足之处”，33%的有效填写人次认为我国对中医药知识产权保护的宣传力度不够，现阶段我国社会对于中医药知识产权保护宣传还存在较大问题，全社会对于中医药知识产权保护尚未有清晰认知，这必然形成我国中医药知识产权保护的漏洞；24%的有效填写人次认为我国中医药专利申请质量不高，专利授权率低，我国中医药相关科研人才短缺，对于大量的中医药药方现代化、专利化需求无法提供完善且优质的技术支持，这是我国中医药知识产权保护的一大痛点；24%的有效填写人次认为我国尚未对部分中药进行知识产权确权是中医药知识产权保护的一大问题，这在上文也有提及，中医药流传时间长难以确权的问题需要我国制定更加详细的法律法规对其进行解决；还有 19%的有效填写人次认为我国知识产权对中医药的保护力度小，当前我国处于对中医药开展知识产权保护的起步阶段，保护力度小、保护手段少、相关法律法规缺乏，这都是我们需要解决的重点问题（见图 13）。

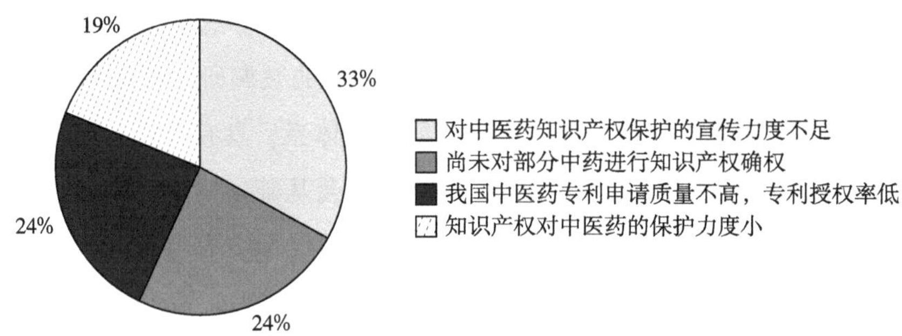

图 13　我国中医药知识产权保护的不足之处

（四）模型构建及实证结果分析

课题组根据傅里叶变换的相关理论知识建立了模型，以求精确计算出中医药知识产权相关裁判文书占知识产权总体裁判文书的比例，并正确反映我国对于中医药知识产权的行业重视程度。

假设 A 表示目前国内中医药知识产权类侵权案件总数，B 表示知识产权类侵权案件总数。

根据中国裁判文书网（2022 年）的数据，$A=204703$，$B=2020$。

首先进行傅里叶变换：

$$F(A)=\int[a,b]\exp(-\mathrm{i}\omega t)A(t)\,\mathrm{d}t$$

$$F(B)=\int[a,b]\exp(-\mathrm{i}\omega t)B(t)\,\mathrm{d}t$$

根据傅里叶变换计算的相关理论，我们可以得到：

$F(A/B)=F(A)/F(B)$

F（A）和 F（B）：

$$F(A)=\int[a,b]\exp(-\mathrm{i}\omega t)A(t)\,\mathrm{d}t=A\times\int[a,b]\exp(-\mathrm{i}\omega t)\,\mathrm{d}t$$

$$F(B) = \int[a,b]\exp(-\mathrm{i}\omega t)B(t)\mathrm{d}t = B \times \int[a,b]\exp(-\mathrm{i}\omega t)\mathrm{d}t$$

其中 $\int[a,b]\exp(-\mathrm{i}\omega t)\mathrm{d}t$ 表示积分，系数 A 和 B 相当于对函数进行缩放。

计算积分结果：

$$\int[a,b]\exp(-\mathrm{i}\omega t)\mathrm{d}t = (\exp(-\mathrm{i}\omega t)/(-\mathrm{i}\omega)) \mid [a,b]$$

$$= (\exp(-\mathrm{i}\omega b) - \exp(-\mathrm{i}\omega a))/(-\mathrm{i}\omega)$$

代入 F（A）和 F（B）的计算公式，并化简：

$$F(A/B) = F(A)/F(B) = [A \times (\exp(-\mathrm{i}\omega b) - \exp(-\mathrm{i}\omega a))/(-\mathrm{i}\omega)]/[B \times (\exp(-\mathrm{i}\omega b) - \exp(-\mathrm{i}\omega a))/(-\mathrm{i}\omega)]$$

$$= A/B$$

最终得出结论，B 在 A 中所占的比例为 $B/A \approx 0.009868$，即约为 0.99%。

由上述推导可知，2022 年，我国中医药知识产权裁判文书量仅占全国知识产权裁判文书量的 0.99%，占比极低，这充分说明了我国中医药知识产权纠纷解决量过少。

（五）典型案例调研

为对中医药知识产权的现实情况有更加明确的了解，课题组收集了最高人民法院、江苏省高级人民法院等最新发布的中医药知识产权指导性案例共 23 个。经过研读和计算发现，其中涉及中医药企业商业秘密保护的案例占比超过 60%。

中医药企业的商业秘密保护是中医药知识产权保护中的重点、难点问题，课题组在前期的调研中并未在相关企业负责人以及社会调研中获得有效的信息。通过对典型案例的分析，课题组发现中医药企业的商业秘密保护的相关问题与前文提到的专利权等问题紧密结合。因此，课题组在“主要问题分析”以及“有关对策及建议”部分，结合典型案例特别提出了关于中医药企业商业秘密保护的相关问题。

三、增强我国中医药知识产权保护对中医药相关产品市场竞争力的影响探究

受前期社会调研中行业有关受访者对于我国中医药知识产权保护促进中医药行业整体发展的有关期望、我国中医药行业的发展现状以及企业申请知识产权保护自身的经济性考量等多方面因素影响，课题组还对“增强我国中医药知识产权保护对中医药相关产品市场竞争力的影响”这一问题进行了进一步探索。

在研究这一问题时，课题组以张梅和杨华《技术创新是否促进了 ICT 产品出口——基于知识产权保护的视角》一文中的模型为基础[1]，结合我国中医药知识产权自身的显著特点建立了新的模型。虽然这篇文章与本文研究关注的领域不同，但都探讨了知识产权保护对特定领域的影响。

课题组研究的为中医药知识产权领域，探究知识产权保护对医药产品销售和国际市场渗透的影响。主要假设是，知识产权保护水平的提高能否促进中医药产品的销售和提高其国际竞争力。

尽管本课题的研究领域与前文所述研究属于不同领域，但它们在建模方法上存在部分共通之处。两者都采用了门槛模型，以检验知识产权保护与领域产品销售之间的复杂关系。这一方法使我们能够在不同水平的技术创新下研究知识产权保护的效应。前文所述的研究同样使用了这一方法，并特别对技术创新的门槛效应进行了考察。

课题组的建模与前文所述研究也有显著不同。首先，不同的研究领域意味着调查对象和研究对象存在差异。中医药领域涉及传统知识和草药疗法，这与 ICT 产品出口领域存在显著差异。其次，中医药产品的销售和国际市场的渗透受不同因素的影响，如文化传统和监管政策。因此，课题组在这些特定背景下重新建立和调整模型并改变其中的影响因子，以期更好地体现中医药领域的特点。

综上所述，尽管课题组的研究在建模方法上部分借鉴了前文所述研究，

但不同的研究领域在研究对象和影响因素方面存在着显著不同，因此，课题组也努力以中医药领域为背景，深入探讨知识产权保护对中医药产品销售的具体影响，从而为中国中医药产业的发展提供有益的建议。

（一）模型设定

1. 基准回归模型

为验证知识产权保护强度对中医药产品销售的影响，设定如下基准计量模型：

$$smp_{it}=\alpha_0+\alpha_1 ipr_{it}+\alpha_2 Controls_{it}+\mu_i+\varepsilon_{it} \tag{1}$$

其中，i 表示国家或地区（$i=1,2,3,\cdots,5,6,7$），t 表示时间（$t=2010,2011,\cdots,2023$），α 表示回归模型中的系数。其中，α_0 是常数项，代表在知识产权保护强度和控制变量为零时，中医药产品销售的基础水平；α_1 表示知识产权保护强度对中医药产品销售的影响系数，反映出知识产权保护强度变化对中医药产品销售的影响；α_2 是控制变量的系数，表示市场开放度、经济发展水平、人口规模、人力资本水平和城镇化率等控制变量对中医药产品销售的具体影响大小和方向；smp_{it} 表示中医药产品销售；ipr_{it} 表示知识产权保护强度；$Controls_{it}$ 表示一系列控制变量，包括市场开放度（$open_{it}$）、经济发展水平（gdp_{it}）、人口规模（pop_{it}）、人力资本水平（edu_{it}）和城镇化率（$urban_{it}$）；μ_i为个体效应；ε_{it} 为随机扰动项。[1]

2. 中介效应模型

为验证知识产权保护强度在对医药产品销售的影响中是否具有中介效应，即知识产权保护强度是否会通过技术创新影响中医药产品销售，在基准模型的基础上，引入中介变量构建中介效应模型：

$$inv_{it}=\beta_0+\beta_1 ipr_{it}+\beta_2 Controls_{it}+\mu_i+\theta_{it} \tag{2}$$

$$smp_{it}=\lambda_0+\gamma_1 ipr_{it}+\gamma_2 inv_{it}+\gamma_3 Controls_{it}+\mu_i+\delta_{it} \tag{3}$$

其中，β_0 是常数项，表示在知识产权保护强度和控制变量为零时，投资水平的基础值；β_1 表示知识产权保护强度对投资水平的影响系数，量化了知识产权保护强度变化对投资水平的影响；β_2 是控制变量的系数，表示市场开放度、经济发展水平、人口规模、人力资本水平和城镇化率等控制变量对投资水平的具体影响。技术创新（inv_{it}）为中介变量。结合式（1）—式（3）可知，中介效应检验的具体步骤如下：（1）不含中介变量时，核心解释变量（ipr_{it}）对被解释变量（smp_{it}）是否有显著影响，若 α_1 不显著，则中介效应检验终止；若 α_1 显著，则进一步检验。（2）核心解释变量（ipr_{it}）对中介变量（inv_{it}）是否有显著影响，若 β_1 显著，则进行第三步检验。（3）在核心解释变量（ipr_{it}）和中介变量（inv_{it}）均存在的模型中，若中介变量对被解释变量（smp_{it}）有显著影响，即 γ_2 显著，则表明存在中介效应；此时，若核心解释变量的系数（γ_1）不显著，则表明存在完全中介效应，如果核心解释变量的系数（γ_1）仍显著，那么就代表存在部分中介效应（见图 14）。

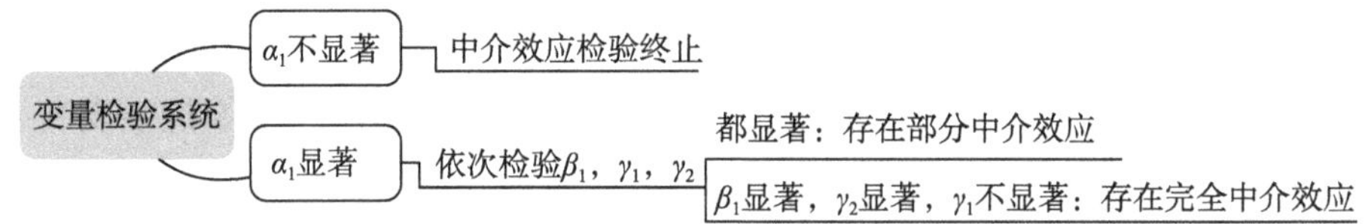

图 14　中介效应模型

3. 面板门槛模型

为进一步探究技术创新对中医药产品销售的影响是否存在以知识产权保护为门槛的非线性特征，借鉴 Hansen（1999）[3] 提出的面板门槛回归模型来构建检验知识产权保护门槛效应的门槛回归模型，以单、双门槛为例，具体门槛回归模型如下：

$$smp_{it}=\varphi_0+\varphi_1 ipr_{it}\times I(inv_{it}\leqslant\varphi_1)+\varphi_2 ipr_{it}\times I(inv_{it}>\varphi_1)+\varphi_3 Controls_{it}+\mu_i+\varepsilon_{it} \quad (4)$$

$$\begin{aligned}smp_{it}=&\varphi_0+\varphi_1 ipr_{it}\times I(inv_{it}\leqslant\varphi_1)+\varphi_2 ipr_{it}\times I(\varphi_1<inv_{it}\leqslant\varphi_2)+\\&\varphi_3 ipr_{it}\times I(inv_{it}>\varphi_2)+\varphi_4 Controls_{it}+\mu_i+\varepsilon_{it}\end{aligned} \quad (5)$$

式（4）为单一门槛回归模型，式（5）为双门槛回归模型，其中，φ_1、φ_2 为门槛值，$\varphi_1<\varphi_2$，inv_{it} 为技术创新门槛变量，其余变量同上。$I(\cdot)$ 为指示函数，若括号内条件满足，则 $I(\cdot)$ 取值为 1，否则取值为 0[1]。

（二）变量说明

1. 被解释变量：中医药产品销售量

根据 2023 年 9 月 14 日发布的医药生物行业的业绩总结[2]中对中医药产品的界定和产品销量、分类分析得出，中医药重要产品包括院内中医药、消费中医药和品牌 OTC 三大类别，中医药产品销售额为该类产品的销售额总和。

2. 解释变量：知识产权保护强度

世界经济论坛发布的《全球竞争力报告》中的知识产权保护指数具有一定权威性，报告中各国知识产权保护指数取值为 1—7，数值越高，说明该国知识产权保护程度越高，因此选取知识产权保护指数（*ipr*）作为本文解释变量。

3. 中介/门槛变量：技术创新水平

不同的研究衡量技术创新水平的指标，主要有研发投入、专利申请量、全要素生产率，考虑到本书研究对象和数据可得性，书中选取专利申请量来衡量我国技术创新水平。

4. 控制变量

（1）贸易开放度，用一国贸易额占 GDP 的比重来衡量；

（2）经济发展水平，用各国人均 GDP 来衡量；

（3）人口规模，用一国总人口数来衡量；

（4）人力资本水平，用一国高等教育入学率来衡量；

（5）城镇化率，用一国城镇人口占总人口的比重来衡量。

（三）数据来源

考虑到数据全面性和可获得性，本书选取 2010—2022 年官方机构公开的数据年鉴进行研究[4]，其中，中医药产品销售额数据来源于中医药行业业绩报告，技术创新数据来源于世界银行，专利申请量数据来源于国家统计局，知识产权保护指数来源于世界经济论坛，经济发展水平数据来源于国家统计局，人力资本水平数据来源于中华人民共和国教育部每年全国教育事业发展统计公报，其余变量如贸易开放度、人口规模及城镇化率数据均来源于世界银行。对于部分缺失数据，采用插值法补齐。

（四）直接影响与间接影响分析

1. 基准回归与机制检验结果

表1呈现了知识产权保护对中医药产品销售的影响，以及知识产权保护对技术创新的中介效应。在模型（1）中，知识产权保护的核心解释变量系数为0.319，显著性水平为1%，这表明，高水平的知识产权保护有助于推动中医药产品在国内市场的销售；在模型（2）中，检验了知识产权保护对技术创新的影响，结果显示知识产权保护对技术创新有正向促进作用；模型（3）则验证了技术创新在知识产权保护和中医药产品销售之间的中介效应，结果表明，知识产权保护和技术创新都对中医药产品销售有正向影响，这意味着技术创新在知识产权保护与中医药产品销售之间发挥了部分中介效应[1]。此外，在考虑了控制变量的情况下，市场开放度、经济发展水平和人力资本水平对中医药产品销售也有显著的正向影响。市场开放度较高的国家具有更有利的贸易环境，产品质量竞争力也更强，从而促进了中医药产品销售。经济较发达的国家通常拥有更多的资本积累和研发资源，因此具备更强的生产和创新能力，这有助于中医药产品的销售。高水平的人力资本培养有助于培养高科技人才，这对中医药产品的生产与贸易来说至关重要，因此人力资本水平较高的国家也可更好地推动中医药产品销售。相反，人口规模较大和城镇化率较高的国家对中医药产品销售有负面影响[3]。这可能是由于在这些国家中，中医药产品更多地用于满足国内市场的需求，因而国际市场销售受限。

表 1　基准回归与中介效应检验结果

变量	模型（1）	模型（2）	模型（3）
	中医药产品销售	*inv*	中医药产品销售
ipr	0.319***	0.024*	0.429*
inv			0.323***
open	2.113***	0.058	2.131***
pop	-1.427**	-0.324***	-1.573**
gdp	1.076***	0.112***	1.123***
edu	0.434*	0.143***	0.502**
urban	-5.387***	-0.091	-5.433***
常数项	3.241	3.028	6.004
时间/国家固定	Yes	Yes	Yes
N	618	618	618
R^2	0.179	0.518	0.193

注：***、**和*分别表示回归结果在1%、5%、10%显著性水平上显著。下同。

2. 回归结果可靠性分析

为确保回归结果的可靠性，采取以下方法进行稳健性检验、异质性分析和拓展分析：在模型（1）中，采用了所有核心变量滞后一期的方法重新回归，以减小核心变量与被解释变量内生性问题的可能性；在模型（2）中，替换了核心解释变量，将知识产权保护强度替换为专利申请量进行回归。总的来说，各维度的稳健性检验结果都支持了回归结果的可靠性。为了检验国别异质性，本研究参考了世界银行发布的收入水平划分标准，将样本国家分为28个高收入国家和29个中低收入国家两组，以研究不同收入水平国家中知识产权保护对中医药产品销售可能存在的差异影响[1]。总之，控制变量的回归结果与前文的分析结果基本一致，进一步验证了不同收入水平国家中知识产权保护对中医药产品销售的影响差异；鉴于模型中可能存在的内生性问题，如“反向因果”和“遗漏变量”，本研究对中医药产品销售的不同类别，包括院内中医药、消费中医药和品牌OTC，采用滞后一阶的变量作为工具变量进行系统高斯混合模型（GMM）回归，从而更严谨地评估影响因素。从影响程度来看，院内中医药和消费中医药的销售受技术创新的推动最为显著，其次是品牌 OTC。这可能是因为这些产品对研发投入需求较大，对知识产权保护要求较高，且属于技术和知识密集型产品，因此其对知识产权保护和技术创新更加敏感。

综上所述，知识产权保护和技术创新对不同类型的中医药产品销售产生了显著影响，但影响程度存在差异，这些结果有助于更深入地理解中医药产品销售的因素和机制。

（五）非线性影响分析

1. 门槛模型回归结果

由前文的实证检验可知，知识产权保护和技术创新对中医药产品销售均具有正向促进作用，且技术创新在知识产权保护影响中医药产品销售中发挥着中介效应，故选取技术创新作为门槛变量，运用式（4）、式（5）进行门槛回归分析，探究知识产权保护对中医药产品销售的非线性影响。通过 Bootstrap 重复抽样 800 次，检验门槛效应的合理性，表 2 说明了技术创新门槛变量显著通过双重门槛检验，且均在 5% 显著性水平上显著，门槛值为 1.258 和 1.514，因此选择双重门槛模型进行估计[3]。

表 2　门槛效应检验结果

门槛变量	模型	*F* 值	*P* 值	临界值			门槛值	95% 置信区间
				1%	5%	10%		
inv	单一门槛	34.360**	0.023	89.960	50.167	34.184	1.258	(1.256，1.265)
	双重门槛	41.980**	0.013	44.693	23.267	17.210	1.514	(1.502，1.516)
	三重门槛	4.470	0.778	53.138	26.388	16.374	1.629	(1.605，1.671)

表 3 展示了以技术创新为门槛变量的回归结果，技术创新在此模型中被视为门槛变量。当技术创新不大于第一门槛值 1.258 时，知识产权保护对医药产品销售有显著正向影响，估计系数为 0.622，显著性水平为 5%。这表明在技术创新水平较低的情况下，知识产权保护对中医药产品销售产生了显著的促进效应。当技术创新介于第一门槛值 1.258 和第二门槛值 1.514 之间时，

知识产权保护仍然对中医药产品销售产生正向影响，但影响效应略有下降，估计系数为 0. 438，且在 10% 显著性水平下显著。这表明在技术创新适度的范围内，尽管影响效应逐渐减弱，知识产权保护仍然对医药产品销售有促进作用。然而，当技术创新超过第二门槛值 1. 514 时，知识产权保护的影响方向发生逆转，估计系数为-0. 635，即在 10% 显著性水平下显著为负。这表明在高水平的技术创新下，知识产权保护反而会抑制中医药产品销售。因此，知识产权保护对中医药产品销售存在双重门槛效应，这一结论与现实情况相符。适度的技术创新能够维持中医药产品销售的贸易优势，此时知识产权保护可以促进产品更好地进入国际市场，并提升国际竞争力。但是，过高的技术创新会影响知识产权保护的传播效应，限制新产品或新技术的市场空间，以及高技术密集型的医药产品销售的国际市场渗透[1]。总之，这些结果强调了知识产权保护和技术创新之间复杂的相互作用，以及它们对中医药产品销售的不同影响。

表 3　门槛模型回归结果

解释变量	估计系数
$ipr \times I$（$inv \leqslant 1.258$）	0. 622**
$ipr \times I$（$1.258 < inv \leqslant 1.514$）	0. 438*
$ipr \times I$（$inv > 1.514$）	-0. 635*
常数项	9. 938
控制变量	Yes
N	627
R^2	0. 197

2. 稳健性检验

在稳健性检验中，参照已有研究，剔除了控制变量，并使用 Bootstrap 方法进行了 800 次重复抽样，以验证门槛模型的稳健性。其结果显示，技术创新的门槛变量在双重门槛检验中表现出显著性，并在 1% 显著性水平上通过了检验。这表明存在两个显著的门槛值，反映了技术创新在不同区间内的非线性影响。因此，我们选用双重门槛模型进行估计。

稳健性检验结果表明，在高水平的技术创新下，知识产权保护反而会抑制医药产品销售。因此，稳健性检验结果与门槛效应回归结果一致，这再次验证了知识产权保护对医药产品销售存在技术创新的门槛效应。这些结果为政策制定者提供了如何平衡知识产权保护和技术创新的重要见解。

（六）推演与启示

在本研究中，我们根据 2010—2022 年国家公开的数据，建立了中介效应和门槛效应模型，旨在分析知识产权保护强度对中医药产品销售的影响。

研究结果如下：首先，知识产权保护在促进医药产品销售方面发挥了显著作用，该作用受到医药类型的差异影响，具体来说，对于知识产权保护力度较小的年代而言，技术创新对医药产品销售的促进效应更为显著，而对于消费性药品销售，技术创新也会起到更明显的促进作用。其次，提升知识产权保护水平可以通过技术创新来促进医药产品销售。最后，知识产权保护对于医药产品销售的影响存在着技术创新的双重门槛效应。只有当知识产权保护力度维持在一定门槛水平以下时，技术创新才能有效地促进医药产品销售。

中医药产品是医药产品的重要组成部分，知识产权保护对中医药发展的推动作用也应当是与医药产品相同的。知识产权保护不仅对当今的中医药产品发展和销售有着极大的影响，还可以有效促进中医药创新技术的发展，进而增加中医药药品的创新性，为传统中医药的现代化发展注入更强动力。

此外，民众的知识产权意识对中医药的相关产品销售也有着重要影响。在前期的社会调研和数据调研中，课题组发现，不但民众对于中医药相关的知识产权意识较为薄弱，甚至部分中医药产品相关工作者对知识产权保护也没有明确的意识，这都是极其不利于我国中医药产品发展的因素。在模型中我们发现，提升知识产权保护水平可以通过技术创新来促进医药产品销售，但这一影响机制主要在民众知识产权保护意识浓厚的年份中才得以实现，在民众知识产权保护意识水平较低的年份中的作用则不太明显。民众知识产权保护意识水平越高，创新技术对于中药相关产品销售的推动作用就越大。因此，提高民众知识产权保护意识是促进中医药相关产品获得良好发展的重要驱动力。

只有当民众知识产权保护意识和实际的知识产权保护力度维持在较高水准时，技术创新才能给中医药销售市场发展带来显著作用。增加知识产权保护社会宣传力度，以及提高知识产权保护社会意识以促进中医药及其相关产品的发展迫在眉睫。因此，课题组选取了目前中医药知识产权保护领域中的显著问题进行分析，以期能够促进中医药及其相关产品扩大市场占有率并获得长足发展。

四、主要问题分析

（一）院内制剂知识产权保护困境

中医药院内制剂指中医药医疗机构根据本单位自身需要经批准而以中医药为基础配制的自用的固定处方制剂。其仅供医院内部或特定机构使用，由于近年来院内制剂已允许向社会面开放，因而具备一定的流通性。中医药院内制剂由于经过了相关医疗单位具有一定创造性的研制，符合知识产权客体应为智力成果的要求，故应当将其从知识产权的视域进行保护，为促进中医药院内制剂的发展，给予院内制剂以排他性、激励性的专利权保护应当成为理想方案，但现实中，在专利研发、申请过程等方面存在困境。

1. 研发及生产主体端困境

中医药院内制剂的研发主体为院内医生。如上文所述，中医药院内制剂的使用经历了由院内及相关机构使用的封闭阶段到向社会面开放使用的流通性阶段，但其开放尚处于起步阶段，由于长时间禁止院内制剂的社会面流通，相关研发主体的影响力仅局限于院内，开放流通之后，其影响力有限，因此药方成分的普及度不足，难以引起相关主体的重视，进而申请知识产权；且中医药院内制剂研发主体主要处于研发者、创新者、思考者的角色定位，故其对中医药院内制剂的知识产权属性并无清晰了解，如对于怎样的药方符合申请知识产权的标准、如何申请知识产权、知识产权的保护时效等并不知晓，知识产权意识也较为薄弱。此外，医疗单位作为院内制剂生产主体，在院内制剂具备流通性之后，对院内制剂的宣传力度不足，主要体现为宣传手段的匮乏，仅仅依靠病人在就诊时进行的用药指导，宣传横向辐射范围小、覆盖主体少。医院作为医疗主体，通常意义上仅具备服务职能，并不具备能动宣传的特性，其属性的单一在一定程度上无法匹配新阶段下知识产权保护需求迅速增长的社会环境，导致院内制剂知识产权申请数量少[5]、盗用现象频发的现状，从而严重制约了中医药院内制剂的产业化发展。

其中，中医药院内制剂保护的核心症结在于，有关主体对中医药院内制剂尚未形成清晰完整的产业化思路。对于中医药院内制剂进行科学合理的保护，势必要求建立一个规则清晰、责任明确、强调源头治理与过程监管的市场体系。而这一市场体系的建立，是以立体规划、科学建立的产业链条为基础的。中医药院内制剂相关主体并未将产品的学习、研究、生产等各个环节结合起来，而将其研究局限在实验室与生产单位之间，与省内高校、科研单位之间存在互动的缺位、进度的脱节，这种“闭门造车”式的思路使得中医药院内制剂的基础研究以及底层理论建构受到了一定程度的制约。除此之外，有关主体并未建立有效的资源调配使用机制，尚未形成利用现有资源的意识，导致以宣传为代表的新媒体时代下的资源没有得到有效利用，使中医药院内制剂的宣传停留于纸面上。群众宣传土壤的贫瘠化、保护意识的淡薄化，既阻遏了中医药院内制剂品牌效应的建立，又不利于后期研究的有效跟进。易言之，产业化规划意识的缺乏，在一定程度上阻碍了中医药院内制剂的保护，限缩了中医药院内制剂专利保护的范围和方式。

2. *研发客体端困境*

中医药院内制剂作为研发客体，其自身也存在着一定的困境属性。专利权对申请客体具有“三性”的要求，即新颖性、创造性、实用性，其中前二者是从构成要素、成分等内在特性对申请客体提出的要求，而后者则是对申请客体的功能显现方面的要求。就中医药院内制剂而言，前两种特性要求是对中医药院内制剂的成分、配方、药材使用比例、制造方法等方面进行的审查。根据《中华人民共和国专利法》的规定，新颖性要求申请专利的发明没有在申请日之前公开发表、公开使用过，并且在申请日之前不为公众所知。

反观中医药院内制剂，其本身就是在已有药方的基础上，通过增减药材、改变比例等方法制造而成。中医药作为中华传统文化的产物，其本身也遵循着传统文化、继承先人思路，因此中药制剂的制造，往往难以与中药古籍完全分离。故基础药方很有可能已被公开，如传统中医药书籍中对于某些制剂的成分配料的公开，以及现代中医药书籍对于中药知识的汇编，同样可以被理解为已经公开。而创造性要求申请的客体同先前技术相比有突出的实质性特点与实质性进步，如前文所述，大量中医药院内制剂都是在现有中药配方的基础上，通过一定程度的修改得到，但由于我国并未规定修改达到何种程度的量化标准才可视作创新，因此实践中通过对组方或剂量上的改变进行创新从而申请专利的中医药发明也不在少数。[6]

据此可知，我国对中医药品专利的申请管理仍是西医视角。中医药不同于西药，其药用功效在于以复杂的药材配方实现对人体机能的调养，具有潜在性、难以表征性，专利权的创造性要求申请人在申请专利时应当提供详细的实验数据、结果分析、用药方法和剂量，而中药成分复杂，注重各个药材之间的协调作用，难以区分单一变量，药材的单独作用难以从配方整体中脱离，故中药难以形成详细的实验报告。中医药院内制剂，本身便难以与传统意义上的专利“三性”符合。因此就算能够赋予其专利权，也难以确定专利权赋予的内容，保护范围存在争议，排他效力就会降低。

3. 管理端困境

在宏观层面，虽然有关机构早在1995年与2000年就分别制定颁布了《中医药专利管理办法（试行）》和《卫生知识产权保护管理规定》，但我国目前仍尚未建立专门针对中医药院内制剂的知识产权法律法规，因此中医药院内制剂在一定程度上难以受到知识产权的保护，导致其年专利申请量逐年萎缩。在微观层面，作为生产及研发主体的医院本身也对院内制剂的知识产权重视不足，未建立完整有效的知识产权保护及激励机制；院内制剂的定价机制也存在一定不足，医院虽然以医疗服务为其主要定位，但无法忽视经济效益对医院运行的维持，故其在一定程度上也较为重视自身的经济效益，而院内制剂的定价长期处于略高于成本价的水平并未改变，旧价售卖会导致医院在此类院内制剂的经营上入不敷出，致使此类制剂无法维持生产，停留于处方形态。这一机制既扼制了药品制剂的创新，又打击了研发者的积极性，不利于院内制剂向专利成果的转化。

（二）中医药商标保护问题

1. 国内中医药相关企业商标意识淡薄

《中华人民共和国商标法》是调整因商标的注册、使用、保护以及管理而发生的各种社会关系的法律规范。[7] 商标是一个企业立足于市场的标志性符号，对于企业品牌形象的塑造具有引领性作用。随着中医药在国内外影响力的不断增强，相关企业在市场竞争中的参与度也节节攀升。商标作为竞争模式中的一环在中医药知识产权保护中也扮演着越来越重要的角色。

但目前国内对于商标还未明确划分出中医药一类，在全国商标总量中，中医药类商标仅仅占据了2.5%，笔者在走访调研中也发现，部分从业者难以认识到自身产品作为商品的价值，只是粗略地将其归为个人或家族的研发成果，而非寻求法律途径赋予其成果公信力。结合调研走访的数据来看，上述中医药企业商标意识淡薄这一点体现在四个方面：

其一，部分企业在设计其商标时过于草率、简单。通过检索目前中医药相关企业发现，大部分公司在制定企业商标时往往只是将公司名称等几个汉字进行美化，这不仅使中医药商标市场同质化严重，更是企业缺乏创新能力的一大表现，由此导致可替代性大大提高。与之相反的是，还有一些企业过度在意市场营销，为了迎合市场需求，选择了与中医药无关或者完全泛化的商标设计，贪图短期效益而忽视了对中医药文化的传承和保护。

其二，国内中医药企业商标注册中的不正当竞争频发。尽管我国是世界上中医药材资源最丰富的国家之一，但国内中医药商标注册总量仍难以达到目前的国际标准，部分中医药企业在商标注册时鲁莽行事，关于商标的法律意识不足，商标抄袭、二次贩卖行为大行其道。这不仅严重损害了相关公司的利益及声誉，更扰乱了我国社会主义市场经济秩序。

其三，中医药从业人员对商标、药品名以及药品通用名三者关系区分不当。一个中药药品应有通用名称（药品名）、化学名称、商标名称（商标名）[8]。部分从业人员由于对《中华人民共和国商标法》的了解不足，在研制出某种新型药物后便盲目地将其药品名注册成为商标，试图维护自身的独家使用权，但若是该新型药品被收录进《中国药典》后，其注册的商标名称便失去了仿伪造的意义，而是成为该药品的通用名称，从而难以发挥企业商标的品牌价值。

其四，部分中医药企业对行业潜力认识不足，导致出现跨领域商标抢注问题。与从前中医药行业只深耕研发的状况不同，随着国内新经济行业的企业活力被激发，大部分企业都选择拓宽赛道，与不同行业的企业联合开发新产品，从而避免了商标抢注的问题。而中医药企业恰好忽视了如今的养生风潮，未能及时将自己的商业规模铺开在其他领域，从而造成了难以“出圈”的困境，进而让不法之徒抢先注册了商标。

鉴于以上四个方面，通过深入探析目前中医药企业的经营现状可以发现，国内相关企业确实存在意识淡薄的问题，这对其未来发展带来了诸多隐患。因此，企业应充分认识到商标的品牌价值，并将其作为企业提升市场竞争力的重要战略资源。

2. 中医药商标类法律保护体系性不足

随着国内对中医药行业的关注度逐步攀升，中医药市场得到了蓬勃发展。然而，目前国内中医药类司法保护力度较小，相应的法律条例体系性也不足，由此严重制约了中医药行业的发展，主要体现在以下三个方面：

其一，立法层面缺乏综合性和系统性。目前国内相关的法律有《中华人民共和国商标法》《中华人民共和国中医药法》《中华人民共和国药品管理法》以及《处方药管理办法》，由此可以看出，在中医药商标保护层面，立法缺乏整体性，与之相关的条例都散落在其他的法律条文中，而无法通过一部完备的法典来体现传统中医药特色，进而导致其实操性不足。另外，尽管有成文的中医药法出台，但由于没有与其并行的规章制度配套实施，因而难以形成完整的法律架构和系统。

其二，司法层面存在执行力度不均问题。部分特殊的中医药品类只分布于少数民族地区，而相应的地方监管部门往往忽视了这一点，盲目按照其他地区条例进行督察，未能针对该中医药品类形成独立的保护性政策，这在一定程度上导致了地方立法同质化的问题。同时，卫生、税收、公安等行政部门之间监管职责不明，互相推诿，由此提高了中医药类中小企业的维权成本，在一定程度上阻塞了中医药知识产权的维护渠道。

其三，执行人员的中医药类专业知识水平较低，使中医药类知识产权保护案件中出现“司法乏力”的现象。商标局在进行中医药类商标审查时可能存在部分漏洞，未对中医药类商标作出专业性评估，这从源头上造成了中医药类商标保护不当的问题，使商标类的侵权案件难以追溯及惩处。

综上所述，中医药类知识产权的维权案件并不是某一个部门的全部责任，而是需要多个部门协同合作才能实现生产链上的环环保护，从而为中医药行业的创新发展提供良好的法律环境，促进中医药产业的持续繁荣与创新。

（三）我国道地药材保护困境

1. 道地药材申请地理标志产品保护数量少

通过采访两位中医药企业知识产权相关负责人，我们了解到在中医药生产的完整产业链中，其原材料一般来源于特定道地药材。所谓“道地药材”，是指历史悠久，在具有良好气候、水土条件的区域进行种植，不断培育发展出优良品种，再经特殊工艺炮制加工，生产出的特色鲜明、品质优良、疗效突出的药材。

道地药材从选种、育苗、栽培、收获到炮制加工，无一不展现着其与地理自然因素和人文因素具有的紧密联系，一方水土养一方人，一方水土养一味药，道地药材的主要品质、名声、药效或其他卖点与其地理原产地息息相关，这使其非常自然地具备了地理标志的内在要求，成为一类典型的地理标志产品。

2017 年实施的《中华人民共和国中医药法》提出，国家建立道地中药材评价体系，支持道地中药材品种选育，扶持道地中药材生产基地建设，加强道地中药材生产基地生态环境保护，鼓励采取地理标志产品保护等措施保护道地中药材。[9] 这是国家首次通过立法来为道地药材知识产权保护指明方向。

地理标志作为知识产权的一种，在推动经济社会发展和保护传统资源方面发挥着重要作用。作为一种地理标志产品，根据《中华人民共和国商标法实施条例》第 4 条的规定，《商标法》第 16 条规定的地理标志，可以依照商标法和本条例的规定，作为证明商标或者集体商标申请注册。[10]

根据国家知识产权局公布的数据，截至 2019 年 12 月，我国累计注册地理标志商标 5324 件，其中中药材共 286 件，约占 5. 37%，其中包括长白山人参、文山三七、岷县当归、玉树虫草、霍山石斛、平邑金银花、化橘红等一批耳熟能详的中药地理标志。[11] 从这个数据看，道地药材知识产权保护现状不容乐观，仍有很大发展空间。

2. 道地药材生产规模较小，不符合地理标志产品申请条件

依据《地理标志产品保护规定》的要求，地理标志的申请者应为县级以上人民政府指定的产地范围内的产品生产者协会或者保护申请机构，并且需要划定地理标志产品范围，而我国大部分道地药材生产的规模化及集约化程度较低[12]，且目前道地药材生产者多为县级以下的中小型农户，以小农经济种植为主，导致符合《地理标志产品保护规定》条件的申请人数量较少，存在道地药材地理标志保护的申请人缺位的问题。[13]

3. 道地药材市场需求量不高，需求侧亟须解放

我们进一步采访了中医药企业知识产权相关负责人，他认为，目前道地药材地理标志申请数量少的主要原因，并非其申请的复杂性以及国家对地理标志产品的保护力度不够，而是市场因素：一是市场并没有将药材品质作为主要的评价标准；二是市场对道地药材的需求量不高。在中医药销售时，相关主体未将其品质的特殊性转化成卖点进行宣传，这也进一步导致在市场选择产品时，未对其品质有特殊要求。究其根本，还是社会大众对道地药材的认识与了解并不到位，因此，道地药材需求侧亟须解放。

4. 道地药材地理标志商标侵权行为频发

中医药企业知识产权相关负责人在采访中还说，道地药材地理标志商标目前有较多侵权行为，主要涉及假冒、非法使用道地药材地理标志商标等方

面。根据《中华人民共和国商标法》第 57 条关于侵犯注册商标专用权的法律界定，道地药材市场主要涉及“未经商标注册人的许可，在同一种商品上使用与其注册商标近似的商标，或者在类似商品上使用与其注册商标相同或者近似的商标，容易导致混淆的”[14]，目前市面上很多不法商家以次充好，将未注册地理标志的产品带以品牌商标进行销售以牟取更高的经济利益。这种行为严重侵犯了道地药材原产地的知识产权，不仅损害其经济利益，而且这种假冒的药材很可能达不到应有的药效，进而损害道地药材原产地精心维护的品牌声誉，使其逐渐丧失无形、潜在的经济价值。

（四）中医药商业秘密保护困境

1. 案例调研延展

2023 年，江苏省高级人民法院发布了一批涉中医药知识产权保护的典型案例，其中“中药自动抓药技术职务发明创造的认定——信亨公司诉文武公司、朱某、肖某专利申请权权属纠纷案”，明确指出，“研发人员离职后一年内申请的专利，与其在职期间为履行工作职责和完成单位分配的任务而参与研究的技术内容，在技术领域、技术问题、技术手段、技术效果方面相同的，属于职务发明创造”。商业秘密，就其含义而言，指的是具备一定的商业价值、被相关主体采取一定保密措施的信息。中医药的生产、加工、出售并非数个块状的独立部分，而是相互联系、相互制约的有机整体，中医药加工技术研发人员作为公司中药制剂加工的创造者、操作者，实际上掌握着中医药制剂配方，对中医药制剂的选材、制造、生产、加工等环节十分熟悉，对于企业具有重大的经济价值，其掌握的相关信息受到企业相关保密条款的约束，故应当被视作商业秘密。在本案中，朱某、肖某在信亨公司长期从事中医药制造生产相关工作，实际上掌握了中医药发明创造等商业秘密，在离职后一年内创办新公司并创造专利，但其专利与在原公司的各项生产环节均具备较强的关联性、相似性，故其专利应当被认定属于信亨公司的职务专利。据此，应当把握好商业秘密与中医药相关从业人员流动之间的关系，对于从业人员离职后采取相同或相似手段创造专利的，应适当排除前后行为的独立性，保障权利主体的合法权益，从而改善中医药市场的竞争环境。

2. 中医药商业秘密保护链路长

中医药商业秘密保护链路较长，且环节众多，申请难度较大。企业在进行药品申报时，药品全部相关信息需要向有关政府部门公开。这一公开对于相关政府部门有极高的保密要求，但相关政府部门在这一环节当中的保密义务缺位，部分中药企业甚至会在相关部门购买其他企业中药产品的配方，从而造成企业商业秘密的泄露，难以形成严密的商业秘密保护体系。

（五）我国中医药知识产权保护面临的国际困境

1. 中医知识产权私权属性与集体权利的矛盾

中医药知识是中国传统的重要体现和中国优秀传统知识的重要组成部分，应从知识产权角度进行保护。在国际视野下，自 20 世纪 80 年代开始，传统知识的保护问题就引起了国际社会的广泛关注。但针对传统知识的定义问题，学界一直存在争议。为了更好地对传统知识进行有针对性的保护，世界知识产权组织（以下简称 WIPO）界定：传统知识是指基于传统产生的文学、艺术和科学作品、表演、发明、科学发现、外观设计、标志、名称和符号、未披露信息以及其他一切在工业、科学、文学或艺术领域由智力活动产生的基于传统的创新和创造[15]。同时，伴随着众多发达国家和发展中国家及国际组织倡导要积极保护传统知识，WIPO 于 2000 年 10 月成立了“知识产权与遗传资源、传统知识和民间文化”的政府间委员会——WIPO-ICG，成员之间基本认同了在知识产权制度下对传统知识进行保护。[15] 由此可见，除了前置定语“基于传统产生的”的限制，知识产权的权利客体在很大程度上覆盖了普遍意义上的知识产权所保护的范围。因此，根据 WIPO 的界定，中医药知识可以作为传统知识的一部分从知识产权角度进行保护。

对于中医药传统知识的私权保护问题的讨论主要集中于传统社会群体对传统知识享有的权利是否属于私法上的私权利。[16] 许多传统知识往往来源于中国各族人民的生产和生活实践，具有明显的地域及文化特征，是传统社会群体共同创造并世代传承的成果。[17] 但根据《中华人民共和国专利法》的规定，知识成果的发明者和设计者，并依法申请获得专利权的自然人、法人或非法人单位，都可称专利权人，也即专利权主体。[18] 据此可知，在我国的法律语境下，我们并未将对传统知识享有所有权的传统社会群体作为专利权的主体。但大部分传统知识由于产生的时间久远、创作主体不明、传播广泛及不可控等特点，既缺乏专有权的保护，又无法得到保密。[19] 但是中医药作为传统知识在泛东亚文化圈以及国际生物医药中有其特殊性，因此有学者认为：中医药传统知识的所有权应视为一种集体权利，所有者为传统群体[17]。但又因为《与贸易有关的知识产权协议》（agreement on trade-related aspects of intellectual property rights，以下简称 TRIPs）承认了知识产权的私权属性，故中医药传统知识的私权保护问题的讨论主要集中于传统社会群体的集体性权利与对传统知识享有私法上的私权利的矛盾，这也是案例纠纷问题的核心所在。

2. 国际条约对中医药知识产权保护力度不够

国际法的基本渊源之一是国际条约。目前负责国际知识产权保护的有两大条约治理体系：一种是由 WIPO 主导建立的知识产权国际公约体系，另一种是由世界贸易组织管理的 TRIPs，这两大治理体系对中医药知识产权保护具有举足轻重的作用。但上述公约针对关于中医药知识产权保护的内容仍有不完备和不利之处[20]。具体表现在两个方面：首先，WIPO 作为专精于知识产权保护的机构，针对传统知识产权规定了知识产权保护的原则，“主要体现在承认传统医药的价值、促进对传统医药的尊重、确定传统知识保护的核心原则等价值取向方面”，但确定的基本原则无法直接应用于中医药乃至传统医药的知识产权保护。其次，作为知识执行力最强、保护领域范围最广的知识产权国际公约，TRIPs 中的主体条款对于中医药专利权的保护十分不利。由于 TRIPs 由发达国家主导，在此体系下专利的“创造性、新颖性、实用性”标准是按照英美发达国家标准建立的，故多数药品的专利认定都是以西药的化学成分为标准，而中医药自身的特殊性使其很难与之相适应。

五、有关对策及建议

(一) 院内制剂知识产权保护对策

1. 加大知识产权保护力度

研发及生产主体端应当加强对于中医药院内制剂的知识产权保护宣传，利用新媒体技术进行知识产权相关知识的宣传，例如，将中医药院内制剂的部分可公开的制作过程剪辑为视频并上传至网络，引起社会面对中医药院内制剂的重视，从而促使经营主体主动申请知识产权的保护。医疗机构有关部门应增强知识产权保护意识，可通过医院的宣传部门，定期向制剂生产中涉及的权利主体，比如医生、药剂厂商科普权利保护的相关知识。只有形成有力且有效的专利权，才能够对中医药院内制剂形成具有法律效力的保护。

2. 利用现行法律进行保护

虽然我国目前并无专门针对中医药院内制剂的专门法，但专利法基本可以覆盖中医药生产的过程，对此，经营主体可以利用现有专利法中的相关条款，对具有研发潜力的新药通过申请专利予以排他保护，同时对受制于自身性质而难以申请专利或者不宜公开的制剂，可以采取商业秘密的形式加以保护，并适当引入民法中竞业禁止的相关条款，对把握生产主体重大秘密的个人进行约束。为适应立法要求，应当加大制剂人才培养以解决中医药制剂中人才断代问题，推动技术创新，从而满足专利法上的“三性”要求。

3. 推动专利法改革

现行专利法以传统意义上的“三性”要求对申请客体加以限制，且采用西医视域下的专利建构要求，难以适应中药的本土特性，出现了一定的脱节。因此，应当推动相关立法改革，以本土视角审视中医药院内制剂的专利申请，对于中药制剂的“创造性”应当设立客观但具有一定弹性的量化标准，如中医药院内制剂配方改动比例达到某个区间标准即可认定为创新，这既能克服专利审查中不同审查人员对申请客体是否具备创造性的判断标准不一致，又能够为后续申请主体确立客观要求，从而引导其规范创新。

（二）传统中医药商标保护的对策

对中医药企业而言，商标作为企业的无形资产，是企业参与国内外市场竞争的重要商战利器，也是企业形象和信誉的象征。[21] 因此，国内中医药企业应提高自身的商标意识。

1. 重视企业商标设计，打造品牌亮点

首先，企业应重视其商标的设计，既要突出中医药文化的传统底色，又要结合具体的营业方向，才能有效地传播企业文化，提高自身在国内及国际市场中的竞争力；其次，除了商标设计这一环节，企业在注册商标时还应注意时效性，尤其是部分中小型中医药企业，在研制出新型药品时应加紧相关品类的市场调研，以防被国内或国际竞争对手抢先注册商标；最后，区分不清楚商标、药品名及药品通用名是医药类企业的一大痛点，往往会出现药品的商标和名称相同的情况，既影响后续相关案件的侵权认定，也会造成相关知名商标贬值等问题。根据以上分析可知，国内目前的主流做法是形成“子母商标”体系，即由研发药品的公司总部设计出旗下药品通用的“母商标”，再根据不同的生产线、对应的病症设计出“子商标”，从而在药品商标层面形成子母体系，还可以从根源上杜绝市面上药品包装抄袭的可能性。

2. 重视商标宣传，提高品牌认可度

中医药类企业应当重视商标宣传问题，拓宽其商标的宣传渠道是提高公众认可度的一大途径。企业不仅可以投放广告到主流媒体平台上，也可以联合其他品牌，跨行业出品中医药相关文创产品，进一步加深其在公众心中的印象，并且防止其他商家利用其品牌价值抢注商标。我国驰名商标“北京同仁堂”，作为我国知名的老字号品牌，便尝试了上述做法，积极参与品牌历史构建与品牌文化氛围营造，既在国内中医药企业中占据龙头地位，也在国际市场中有了一席之地。由此也能看出，强化中医药商标宣传是提升企业知名度的不二法则。

3. 探索司法保护新机制

根据前文立法层面的问题分析可知，相关立法主体有必要对相应的法律法规进行梳理和简化，以形成完备的中医药知识产权保护体系，从法律层面加大惩罚力度，提高违法侵权的成本。同时，立法部门也应将少数民族中医药保护纳入法律羽翼下，充分认识到藏医、彝医、苗医等民族医药是中医药不可分割的部分，加强对民族医药的知识产权保护，积极引导民族地区法院探索以《中华人民共和国非物质文化遗产法》为基础的民族医药司法保护新机制[22]。

对行政管理部门而言，大体可从确立行业标准、加强跨部门合作、培养复合人才三类对策着手，分别从中医药商标保护的源头、过程以及后备资源出发，具体对策如下：

其一，提高商标审查门槛。通过对目前的中医药类侵权案件的汇总分析可知，在商标纠纷案件中，大部分为商标与字号之间的冲突，由此商标局应加强对中医药商标的审查，制定科学的过审标准，从而确保中医药商标的准确性和专业性。另外，不仅应在中医药行业对商标进行数据检索审查，还应将视野放在全行业的商标上，例如，目前以“培养健康意识”为导向的新兴行业，旨在防止不法分子以此为契机注册他人合法商标，从而损害企业的商标价值。

其二，加强跨部门合作或成立专门的商标侵权鉴定委员会。由于商标保护涉及不同部门的合作，包括商标局、市场监管部门、公安机关等，因此应加强各部门之间的协作和信息共享，形成良好的工作机制。同时，应建立中医药知识产权保护数据库及相关专家委员会，及时记录和汇总中医药类商标侵权案例和相关证据，提供便于检索和追溯的信息平台。

其三，提高专业人员的参与度，推行复合型人才培养计划。相关执行机构不仅应在相关的商标纠纷案件中给予法律批注，还应加大对中医药专业领域人才的招募及培养力度，适当与部分高校共同开展人才引进计划，从而形成合力，共同加强中医药类侵权案件审理的专业性，为中医药知识产权的判决提供专业性的支持。

综上，对于中医药类的商标侵权案件，通过对以上对策的落实，能够加强中医药类知识产权的保护，提升商标的权益保护能力，从而为中医药发展注入创新活力，促进产业平稳、健康发展。

（三）道地药材保护对策

1. 合理推动道地药材品牌化

道地药材作为精品中药材，应当为中药材企业带来相应的品牌收益。但现阶段，我国对道地药材重视度不够，品牌效应较弱，存在众多盗用道地药材名称销售的情况，这对精品中药材发展有着极其不利的影响。因此，应当积极培育相关主体的道地药材地理标志申请意识，树立道地药材企业品牌意识，加强道地药材品质及特殊药效宣传，提升道地药材的品牌声誉和影响力，进而提高其市场竞争力和占有率。

2. 加强道地药材规模化、集约化生产

当前道地药材生产规模普遍偏小，且呈分散化状态，难以达到地理标志产品申请标准，进而导致道地药材地理标志申请者缺位的问题。对此，应当在保护环境可持续发展的前提下，合理推动道地药材规模化、集约化生产，培育龙头企业或组织牵头申请地理标志。在此过程中，也需要地方政府和相关组织机构的大力支持，出台引导政策及相关优惠政策。

3. 强化市场监管，打击市场乱象

2020 年 4 月，国家知识产权局出台了《地理标志专用标志使用管理办法（试行）》，以加强地理标志保护，规范地理标志专用标志的使用与管理。此《管理办法》对地理标志专用标志合法使用人以及知识产权管理部门的权利、义务进行了具体的规范。

相关政府部门应当加强市场监管，国家知识产权局等应当发挥统筹作用，指导全国各级监管部门开展道地药材地理标志商标侵权专项查处工作，知识产权管理部门应加强本辖区内地理标志使用监督日常化，规范道地药材地理标志商标的使用。

对于侵犯道地药材地理标志知识产权的行为，知识产权管理部门及相关执法部门应当依照《中华人民共和国商标法》《中华人民共和国反不正当竞争法》《地理标志专用标志使用管理办法（试行）》等法律法规和相关规定进行调查处理，以精准打击道地药材市场乱象。

（四）中医药商业秘密保护对策

1. 落实惩罚性赔偿要求，加大知识产权线性保护力度

2022年12月，高院发布关于中医药知识产权保护的司法意见，提出中医药知识产权保护的基本原则，指出应当落实知识产权惩罚性赔偿，加重侵权主体违法负担。2023年，最高人民法院知识产权法庭发布了关于侵权和解后再次销售相同产品被判令惩罚性赔偿的指导案例，明确指出，在前案中作出停止侵权承诺并支付赔偿款后，仍然再次销售被诉侵权产品，该反复侵权行为表明其对于权利主体合法权益的无视，具备较强的反复侵权故意，属于相关司法解释中认定的严重情节，故其应当承担惩罚性赔偿责任。对于故意反复侵权的行为，应该将侵权行为的反复性纳入侵权行为的评价体系，从而将数个分离的侵权行为以线性的评价体系串联。惩罚性赔偿是对于补偿性赔偿在维护权利主体利益方面的补充，现行损害赔偿制度以补偿权利人的利益为基础，以赔偿作为例外震慑手段，最终实现对重复侵权等恶意非法侵权行为的遏制，恢复权利主体的圆满合法权益，实现侵犯知识产权行为的源头治理，这是建设中医药知识产权保护体系、加大违法侵权行为制裁力度的有效手段。

2. 加大品种权保护力度，构建知识产权保护格局

2022年，最高人民法院知识产权法庭发布知识产权典型案例，其中“彩甜糯6号杂交玉米亲本植物新品种侵权案”开辟了植物品种权保护的新途径，对于其他案件类推适用中药植物品种权保护具有重大借鉴意义。本案中，法院根据玉米品种的遗传规律，采取举证责任的适当转移，根据基因型等科学检测结果认定涉案玉米品种之间存在亲子关系，从而维护了品种权人的合法权益。同时，判令利用授权反复使用相应植物品种材料，用于生产另一品种材料的，应当停止对另一品种植物材料的销售行为。此外，未经审核进行植物种子推广的，应当将其违法侵权行为的证据线索移送至相应行政主管部门审定考察，以实现司法保护和行政监督的衔接性与兼容性。据此，在中医药品种纠纷案件中，可根据涉案品种基因型相似或相同属性推定侵权行为的存

在，举证责任的适当转移也能够减轻权利人的维权成本，加重侵权人举证负担，为中医药知识产权体系健康生态的运行奠定基础。

3. 提高政府部门保密意识

政府部门应当充分重视并保护企业申报的商业秘密，尤其是将中药药方申报为商业秘密的情形给予重点关注。中药药方作为中医药企业的立身之本，保证其商业秘密保护链的完整，排除不必要的泄露风险，是保障中医药企业创新发展的前提和基础。

政府部门应当缩短商业秘密申报链，减少烦琐的申报程序，以减少商业秘密在申报过程中暴露的风险。因此，优化政务服务是促使中医药企业重视商业秘密保护并及时申报的重要对策。

（五）加强中医药知识产权的国际保护

中医药国际保护与国内法保护的不同之处在于保护措施以及救济主体的特殊性。不同于国内知识产权保护体系存在的管理与被管理的关系，国际知识产权体系乃至国家关系均遵循主权国家间的平等原则，因此若想在国际层面寻求知识产权的保护，应首先将保护的目光投向具备一定契约性、公意性、协调性的国际组织，依靠国际组织内部具备一定约束力的章程或制度进行磋商协调。其次便是求助于国际条约。但二者并非非此即彼的对立二分关系，而是相互联系、融通、依赖的有机整体。

1. 国际组织与国际条约的救济途径

探求对象的上位概念，能够最大限度地保证保护手段的周延性。现代视域下的中医药，主要是指中华民族传统文化中的中医药，具备较强的传承性与继代性。而且，现代中医药的发展也主要是针对既有配方制剂的改进及提取，因此，中医药的上位概念应当是传统医药。由于传统医药在各个国家的医药战略中都具有重要的作用，因此许多相关国际组织均对传统医药提出了保护措施。如世界知识产权组织（WIPO），其作为联合国建立的保护知识产权的专门机构，早在2000年便设立了知识产权与遗产资源、传统知识和民间文学艺术政府间委员会（IGC），并通过政府间委员会的进程，提高了传统知识在专利制度体系中的地位，传统医药作为传统知识的组成部分，显然也应当受到该组织的保护，并且WIPO通过多次会议确立起以尊重传统知识及传统文化的持有人和保管人的有关权益、防止传统知识被盗用、促进地区协作以及与国际进程相协调等为内涵的知识产权保护原则，此类原则也可作为国际知识产权保护的有力依据。

国际组织内部的知识产权保护条约同样可作为知识产权保护的依据，最具有代表性的便是世界贸易组织框架下涉及知识产权保护的《与贸易有关的知识产权协定》（简称TRIPs），其确定的某些基本原则为中医药乃至世界传统医药的知识产权保护提供了依据。TRIPs旨在以知识产权的保护促进技术创新，通过保护相关权利主体的利益来稳定国际知识产权市场交易秩序，是迄今为止知识产权保护范围最广、保护标准最高、执行效力最强的知识产权条约。[23] TRIPs将可授予专利的客体延及所有技术领域的任何发明，并且根据该协议，WTO的成员有相当大的空间来制定其知识产权保护和执法方式，以满足他们的需求以及实现公共政策目标，并为协议内成员的知识产权提供充足的成长空间，而中国自入世起便全面实施TRIPs，履行协议中规定的义务，因此也应当受到TRIPs的保护。据此，在TRIPs所搭建的框架以及全球性的执行力和约束力之下，中医药传统知识可受到强有力的保护。此外，中国于1994年1月加入的《专利合作条约》（Patent Cooperation Treaty，PCT），使得中国仅需要在一个具体的区域或国家提出申请，就可以同时得到多个国家和区域的专利权，截至2017年3月，PCT公约的成员数量已经快速增加到152个，基本上涵盖了全世界实行该体系的各个区域和国家。易言之，在此条约的基础上，我国通过加大对国外药品的国际注册力度，并对其进行国际专利的保护，便可有效地防范国外侵权事件的频发。

2. 积极参与国际知识产权保护规则的建立

据WIPO公布的数据，2021年WIPO的专利国际申请量达到277500件，创历史新高。亚洲作为专利国际申请的最大来源地，占2021年申请总量的54.1%[24]，体现了其领先地位。中国作为亚洲的知识产权大国，应当进一步发挥其智慧创造能力带来的影响力，在国际知识产权保护体系中发挥更大作用。而想要塑造更为科学、更有利于广大发展中国家的知识产权体系，关键在于持续推进相关国际条约的修改以及补充，促使国际知识产权保护体系由无差别的机械平等向科学的公正转化。针对现有的双边或多边贸易协议并未有专门保护中医药知识产权的条款的问题，考虑到条约修改的复杂性，应当在着眼于各个国家政治、经济发展水平的基础之上，将关于中医药知识产权保护的补充性建议纳入协议内容中，赋予中医药知识产权一定范围内的国际执行力与约束力，从而建立中医药知识产权的国际强保护机制。

此外，前文所提及的 TRIPs 虽然具有强大的国际执行力与保护力，但其相对于知识产权“三性”的要求存在一定的落后性，未能覆盖包括中医药在内的传统知识，难以适应现实需求。大量发展中国家在加入 WTO 的同时，也加入了 TRIPs，其目的是通过对知识产权的严格保护换取宽松的农业等产品的市场准入条件。但 21 世纪不再是农业、纺织业等传统经济推动的时代，知识经济成为现代经济新的引擎动力，发展中国家加入 TRIPs 的目的并未实现，反而为其带来了更多的限制，且国际知识产权体系的话语权基本掌握在发达国家手中。因此，TRIPs 对于具备深厚传统知识的发展中国家（包括中国），产生了一定的负作用。考虑到在国际上已有修改协议的先例，即 2005 年 WTO 总理事会批准通过《修改〈与贸易有关的知识产权协定〉议定书》[23]，因此，应积极推动 TRIPs 朝着利益均衡的方向改革。

3. 推动中医药知识产权定性公共化

如前文所述，学界对于包括中医药在内的传统知识的私权属性以及集体性权利属性的界定产生了一定分歧。从知识产权的沿革可看出，早在 18 世纪末知识产权便已被视作民事权利的“垄断权”，因其脱胎于市民社会且调整交易主体之间的关系，故私权性质十分明显。作为民族文化经验的积淀，传统知识同样属于智慧财产，但由于传统知识存在创造主体的不确定性、时间的久远性等特点，难以将其纳入知识产权私权视域的保护范围。出于保护的迫切需要，学界也有人主张将其作为一种集体性权利来看待。

据此，应当在学术界进行传统知识定性问题的论证，从加强中医药知识产权国际保护的角度出发，站在广大发展中国家的立场上，呼吁国际社会关注传统知识的集体性权利属性，从而将包括中医药在内的传统知识权利属性确定下来，并力求将国际社会关于传统知识的私权与集体性权利之争统一，推动中医药知识产权权属定性形成共识。

六、结论与启示

本文基于对行业相关负责人的采访、广泛的社会调查以及统计学模型的建立，考察了我国中医药知识产权保护现状。研究结果表明：第一，国内中医药侵权案件中商标类案件占比较小。第二，在中医药院内制剂知识产权保护领域中，分别在研发生产及管理两个端口存在实践困境。第三，道地药材知识产权作为地理标志保护的重要一环，往往因其生产规模小、市场需求量低，在司法实践中的侵权行为频发。第四，增加对于典型案例的调研后，课题组结合案例探究了中医药企业商业秘密保护相关问题，发现我国中医药企业商业秘密保护主要面临知识产权体系结合较少、权利保护分散等问题。第五，除深入探析国内市场外，在以国际视角为研究方向时，课题组还发现我国面临着公私权利属性矛盾以及国际条约保护力度不足的双重挑战。

基于以上研究结论，本文得到如下对策启示：（1）在进行中医药知识产权商标保护时，中医药类企业应注重商标意识培养；行政监管部门应细化分工，培养专业型人才，协作管理市场乱象。（2）为切实保护中医药院内制剂类知识产权，立法部门应在维系现有法律正常运转的基础上，针对现状推行立法改革，形成具有中医药特色的法律体系。（3）相关部门应将道地药材地理标志纳入当前知识产权保护领域中，从而对侵权案件进行针对性的打击。（4）对于中医药企业商业秘密保护问题，应当将商业秘密保护与品种权、专利权等相结合，构建更有保护力、更完善的商业秘密保护体系。（5）面对我国中医药的国际挑战，不仅应加强构建中医药群体性知识产权，更应借鉴他国维权经验，将国际条约作为维护自身权利的法律武器。

参考文献

[1] 张梅，杨华. 技术创新是否促进了ICT产品出口：基于知识产权保护的视角 [J/OL]. 调研世界，2023：1-11 [2023-11-18]. https://doi.org/10.13778/j.cnki.11-3705/c.2023.09.006.

[2] 天风证券. 医药生物行业专题研究：中药行业2023年中期业绩总结 [EB/OL]. [2023-09-21]. https://www.xdyanbao.com/doc/1ziy9nk0vc.

[3] Hansen B E. ThresholdEffectsinNon-dynamicPanels：Estimation，Testing，andInference [J]. JournalofEconometrics，1999，93（2）：345-368.

[4] 中华人民共和国国家统计局. 中国统计年鉴（2010—2022）[M]. 北京：中国统计出版社，2022.

[5] 齐琪，许保海，陆洋. 基于医疗机构中药制剂研发策略与新药转化的思考. 中国药事，2021，35（12）：1357-1363.

[6] 吴思缘. 我国传统中医药“可专利性”问题研究 [D]. 云南财经大学，2023.

[7] 黄晖. 商标法 [M]. 北京：法律出版社，2005：7.

[8] 吴秀云，胡静娴. 以商标法为视角探析我国中医药知识产权保护 [J]. 中国药房，2013，24（19）：1729-1732.

[9] 中华人民共和国中医药法 [Z]. 北京：中国法制出版社，2017.

[10] 中华人民共和国商标法注解与配套（含商标法实施条例）[Z]. 北京：中国法制出版社，2014.

[11] 国家知识产权局. 关于政协十三届全国委员会第三次会议第4317号（科学技术类201号）提案答复的函 [R]. 2020.

[12] 地理标志保护规定 [Z]. 北京：中国法制出版社，2005.

[13] 张建平，周宇升. 从“浙八味”谈道地药材的地理标志保护问题 [J]. 中国药房，2008，19（24）：1914-1916.

[14] 中华人民共和国商标法 [Z]. 北京：中国法制出版社，2019.

[15] 石巍，唐欢. 国际传统知识保护的法经济学分析 [J]. 政法学刊，2019，36（1）：34-40.

[16] 陈杰. 论文化遗产法律制度中的隐喻：以非物质文化遗产的私权保护为例[J]. 沈阳工业大学学报（社会科学版），2014（1）：16-22.

[17] 古祖雪. 论传统知识的可知识产权性[J]. 厦门大学学报（哲学社会科学版），2006（2）：11-17.

[18] 楼慧心. 知识·制度·利益：知识产权制度对社会利益结构的影响研究[M]. 杭州：浙江大学出版社，2006：159-160.

[19] 徐家力. 传统知识的利用与知识产权的保护[J]. 中国法学，2005（6）：113-120.

[20] 鲍文清. 中医药专利权保护的国际化问题研究[D]. 山东财经大学，2023.

[21] 张利庠. 论民营企业的品牌战略[J]. 中国乡镇企业. 2007（5）：23-25.

[22] 王树江. 司法保障推动中医药创新发展的若干问题思考[J]. 中国应用法学. 2022（2）：1.

[23] 胡超. 传统知识国际知识产权保护路径探析[J]. 知识产权，2013（8）：91-95.

[24] 赵爱玲. 全球创新中心东移亚洲，中国创新尤为突出[J]. 中国对外贸易，2022（5）：32-33.

国之瑰宝利国利民，中医药保护势在必行*

一、引言

（一）背景介绍

国之瑰宝，源远流长，中医药是中华民族智慧的结晶，在中国历史上具有弥足珍贵的地位。我国第一部中医药领域的专门立法《中华人民共和国中医药法》于 2017 年 7 月 1 日起正式施行。国务院于 2022 年制定的《“十四五”中医药发展规划》特别提到，加强“十四五”时期中医药领域的法治建设，大力推动中医药法的实施，逐步完善综合配套制度。为贯彻落实党中央、国务院关于振兴中医药事业的重要决策部署，《最高人民法院关于加强中医药知识产权司法保护的意见》于 2022 年 12 月出台，其中指出要加强对中医药专利、商业标志、商业秘密、著作权的保护，严厉惩治中医药知识产权侵权行为，将中医药特色与改革相融合，并将中医药知识产权保护上升到完备的法律规范层面，以解决中医药领域的现实问题、满足现实利益诉求为导向，建立健全中医药知识产权保护的法律规范体系，使中医药知识产权保护有法可依，这是继承中医药传统文化的重要保障，也是全面依法治国的应有之义。

知识产权是激励社会创新的重要手段，是推动国家发展的战略资源，更是提升国际竞争力的核心要素。创新是引领发展的第一动力，重视知识产权

---

* 周麒英，重庆理工大学重庆知识产权学院 2022 级本科生；毛曾言，重庆理工大学重庆知识产权学院 2021 级本科生；左晓妍，重庆理工大学重庆知识产权学院 2022 级本科生；周子敬，重庆理工大学管理学院 2022 级本科生。

就是重视创新发展。近年来，我国知识产权领域呈现许多新气象，知识产权法治保障全面加强，知识产权保护更加有力；知识产权转化及运用全面提速，公共服务水平加速提升；知识产权国际合作线下会议活动全面恢复，各方联系更加紧密。

（二）调研目的和意义

长期以来，关于中西医的争论从未停止，前些年甚至出现了一种“中医没落论”的腔调，“缺少中医人才”“缺少综合学科”“祖传秘方不外传”“中医药质量下降”等言论充斥了互联网，中医药发展面临着前所未有的挑战。但是，随着近年来中医药在人们生活中发挥了越来越重要的作用，特别是针灸技术在年轻群体中的使用，拔火罐、正骨、针灸等中医技术深受大家喜欢，吸引了广大网友的好奇心。尽管如此，中医药仍未得到社会足够的重视。所以，如何更加有力地反驳“中医没落论”？怎样更好地保护中医、中医药？传统文化如何在新时代的土壤里古为今用、古今结合，迸发出旺盛的生命力，绽放不一样的文化魅力？正是怀着这样的初心，本小组成员制作了一份“中医药知识产权保护普及程度调查问卷”进行线上调查。从数据中获取到真实信息，了解当代人对中医药知识产权保护的关注度、分析中医药所面临的知识产权保护的困境以及研究相应的可实施方案。

（三）调研方法

通过问卷调查来收集当前人们对中医药知识产权保护发展的建议，是一种比较常见的方法，但是问卷调查的内容设计合理与否、人们填写调查问卷的态度等对于本次调研活动都是尤为重要的，所以小组在第一次设计完调查问卷之后，成员们对调查问卷的内容进行了分析，找出了不合理的地方，再次修改并确定无误之后才在线上发布了调查问卷。本次线上问卷填写共 655 份，有效问卷 655 份。我们在本次调研中综合运用了实地访谈法、实地考察法、电话采访法、录音采访法等多种方法。

（四）调研模型研究

为使本次调研活动更加具体形象，本小组成员研究决定将此次调研活动模型化，利用专业网站，通过搜索中医药知识产权的关键字词，阅读相关的文献，并从中提取信息，逐步建立起了完善的中医药知识产权保护研究模型，如图 1 所示。

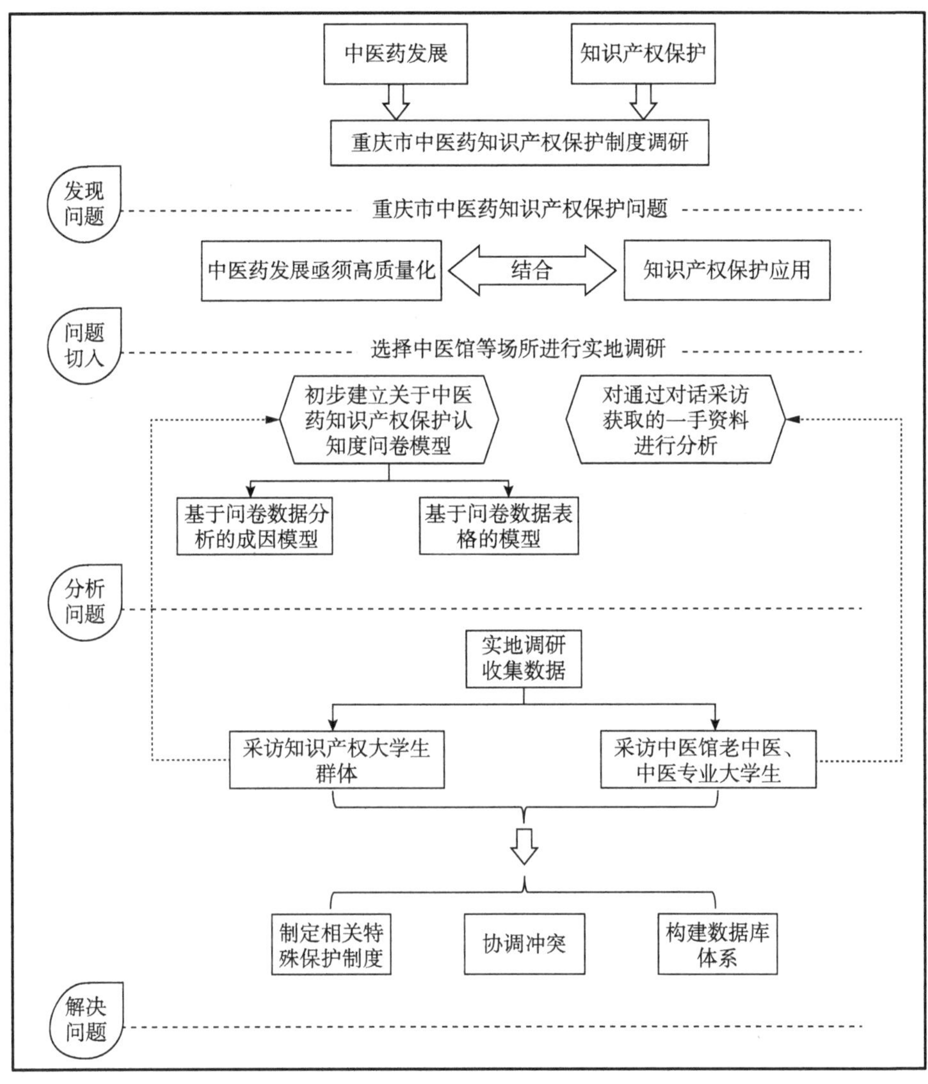

图 1　中医药知识产权保护研究模型

二、调查详情及分析

表 1 抽取了一份中医药知识产权保护普及程度调查问卷的数据。问卷包含三个因子，每个因子包含若干个项目，每个项目的共同度为 0.320~0.799。*KMO* 值为 0.701，表示数据适合进行因子分析。

效度分析结果表明，问卷具有较高的内容效度和结构效度。特征根值（旋转前）分别为 2.00、1.08 和 1.04，方差解释率（旋转前）分别为 25.00%、13.45% 和 12.95%，累积方差解释率（旋转前）分别为 25.00%、38.45% 和 51.40%。经过旋转后，部分特征根值略有降低，但方差解释率依然较高（见表 1）。问卷的因子结构得到了较好的验证，说明问卷具有较高的结构效度。同时，问卷的内容效度也得到了较好的体现，这是因为问卷项目均围绕中医药文化主题设计。

综上所述，我们设计的中医药文化调查问卷具有较高的效度，能够真实反映被调查者的中医药文化认知和态度。问卷内容覆盖广泛，涵盖了中医药文化的多个方面，具有一定的实用价值。

表 1　问卷效度信度及其 KMO 值分析表

项目	因子 1	因子 2	因子 3	共同度
您对中医药了解多少？	0.05	0.71	0.22	0.562
您认为中医药属于非物质文化遗产吗？	0.02	0.75	−0.23	0.613
假设您发现购买的药品标注的是“天津同仁堂”，您会认为该品牌侵权吗？如果是，您会怎么做？	−0.04	0.02	0.89	0.799
您认为某药药方不公开是否侵犯消费者的知情权？	0.37	0.36	0.22	0.320
如果您有家族传承的中医药秘方，您会选择公开吗？	0.73	−0.08	−0.10	0.551
如果知道中医药有专利申请失败（即公开为大众免费使用，得不到保护）的风险，您还会申请吗？	0.50	0.38	0.09	0.403

续表

项目	因子 1	因子 2	因子 3	共同度
您觉得中医药知识产权被侵犯后，可以寻求什么样的救济途径?	0.58	0.09	0.37	0.473
您认为中医药申请知识产权保护难的主要原因是什么?	0.62	0.08	-0.07	0.390
特征根值（旋转前）	2.00	1.08	1.04	—
方差解释率（旋转前）	25.00%	13.45%	12.95%	—
累积方差解释率（旋转前）	25.00%	38.45%	51.40%	—
特征根值（旋转后）	1.64	1.37	1.11	—
方差解释率（旋转后）	20.49%	17.09%	13.82%	—
累积方差解释率（旋转后）	20.49%	37.58%	51.40%	—
KMO 值	0.701			—
巴特利检验球形值	320.111			—
df	28.000			—
p 值	—			—

因子 1：与中医药知识产权保护决策及相关问题认知相关的因子；

因子 2：对中医药基本认知和其文化属性认知的因子；

因子 3：与中医药品牌侵权认知相关的因子。

调研发现，有 64.89% 的人认为自己对中医药了解程度浅薄，11.45% 的人认为自己十分了解中医药，还有 23.66% 的人认为自己完全不了解中医药；而对于中医药是否属于非物质文化遗产，仍然有近 1/3 的人对这一简单概念认识模糊，其中甚至有 8.55% 的人不确定以及 22.29% 的人持否定态度。这在一定程度上反映出人们对中华传统文化的不重视，以及对我们的非物质文化遗产的认识不足。

就平时生活中购买药品而言，大多数人可能认识如“北京同仁堂”“广东陈李济”等中医药百年老字号，这些也都是具有极高商誉的驰名商标，但有近 1/4 的人并不会关注这些。随之，再调查另一个问题：假设您发现购买的药品标注的是“天津同仁堂”，您会认为该品牌侵权吗？如果是，您会怎么做？这个问题的本质其实是“当驰名商标被侵权甚至威胁到自身权益时，你会怎么做”。有人认为侵权并选择维权，有人漠不关心，有人则并不认为侵权。这表明人们的法律意识淡薄，维权意识也不够强烈。

表 2 抽取了调查问卷第 5 到第 7 题及第 10 题的数据，我们试图通过表 2 探索不公开药方是否侵犯消费者的知情权、如何处置家族传承下来的中医药药方、选择公开或有风险的专利申请、中医药申请知识产权保护难在哪等因素对人们选择的影响。我们主要关注这些变量之间的皮尔逊相关系数，以及相关系数的显著性水平。

表 2　皮尔逊相关系数分析表

项目	平均值	标准差	您认为中医药申请知识产权保护难的主要原因是什么？	如果您有家族传承的中医药秘方，您会选择？	如果您知道中医药有专利申请失败（即公开为大众免费使用，得不到保护）的风险，您还会申请吗？	您觉得中医药知识产权被侵犯后，可以寻求什么样的救济途径？
您认为中医药申请知识产权保护难的主要原因是什么？	2.07	1.03	1	—	—	—
如果您有家族传承的中医药秘方，您会做何选择？	2.05	0.82	0.21**	1	—	—
如果您知道中医药有专利申请失败（即公开让大众免费使用，得不到保护）的风险，您还会申请吗？	1.68	0.71	0.14**	0.22**	1	—
您觉得中医药知识产权被侵犯后，可以寻求什么样的救济途径？	2.79	1.20	0.23**	0.21**	0.22**	1
* $p<0.05$　　** $p<0.01$						

首先，我们注意到对消费者知情权的看法与选择有显著关系。具有高相关性的数据表明，当考虑到不公开某药的药方是否侵犯消费者的知情权时，高分数代表对消费者权益的强烈认同，这种认同可能导致个人更倾向于保护

消费者的权益。因此，可以看出在此研究中，是否公开可能影响人们对它的态度。随着经济的发展，消费者知情权与商业秘密之间的冲突开始慢慢显现。

其次，关于是否选择公开中医药秘方的数据也表现出显著的相关性。在考虑公开中医药秘方时，个人可能更倾向于保护家族传承的秘密，这应该可以解释为什么相关系数较高。这表明，对家族传承的重视可能与对消费者权益的认同有关，这应该是一个重要的交叉因素。这个数据向我们展示了“当局者”与“旁观者”对待同一件事情的不同态度，说明人们对自身利益非常重视，从而在某种程度上加强维权意识。

对于是否会选择专利申请，相关系数较低，这可能意味着对中医药秘方来说，权利人更倾向于保守秘密而不是公开。这说明了人们通过知识产权制度申请中医药保护的积极性不高，也从侧面表明知识产权保护制度仍然存在一定缺陷。此外，显著性水平的数值表明，这些关系在统计学上是显著的，这进一步支持了上述观察结果。

在回答中医药申请知识产权保护难的主要原因这一问题时，大多数人选择“难以证明新颖性和科学性”，这一选项与数据中的平均值 2.07 和标准差 1.03 相匹配，这表明在中医药知识产权保护中，证明新创性和独特性的难度大可能是主要问题。此外，一些人选择了“缺乏法律保护”，由此可见，这也可能是中医药申请知识产权保护困难的原因之一。

总的来说，结果表明这些变量之间存在复杂的关系，并且这些关系可能因个人价值观和信念的不同甚至是中西方的文化差异而有所不同。未来的研究可以进一步探索这些关系，并考虑如何通过教育和宣传来影响这些决策。笔者认为应进一步完善中医药知识产权保护的法律体系，加大保护力度，促进中医药的发展和创新。此外，对于中医药秘方的专利申请和保护问题也需要更多的研究来探索保护和分享之间的平衡。

就上述问题，我们做了更进一步的调查：“被侵权后，可以寻求什么样的救济途径?”这一步将我们的调查范围缩小，将主要受众集中在有一定法律意识和维权意识的群体。我们大致提供了几项选择，从整体上看，除“不知道”这一选项外，其余选项之间的最大差值为 10.69%，乘以我们实际的调查基数，相差70个人，数据差距还是挺大的。这说明人们普遍认为，遇到法律问题仅靠“双方协商沟通”是行不通的，他们更多地会依靠相关机构的帮助，这也从侧面反映了人们对党和国家的信任与依赖。

调研发现，知识产权制度虽然可以较为全面地保护中医药，但在知识产权保护过程中还是会出现不少问题，主要体现在中医药医师申请专利积极性不大、药方专利保护难、药方新颖性不够以及我国相关法律制度不完善这四个方面。此外，人们认为出现这些问题的原因主要在于以下三个方面：第一，企业缺乏知识产权保护意识；第二，中医药药剂制作工艺复杂精妙，文字难以准确表述；第三，中医药经过上千年的发展，其体系已经趋于饱和，很难再找到创新点，这些主要与中医药制度和知识产权保护制度之间的冲突有关。以上表明由于中西方文化的差异性，中医药知识产权的保护存在一定难度。

当被问到是否愿意为保护中医药作出贡献时，只有5.5%的人拒绝，近95%的人都认为自己能为保护中医药知识产权作出贡献并会选出他们认为可以创新中医药的方法，这说明人们对传统文化的保护是发自内心的，同时也说明，只要我们每个人都贡献一点自己的力量，中医药乃至它代表的中华传统文化就会发展得越来越好。

三、中医药与知识产权客体适用性问题

通过信息来解释知识产权客体适用性问题似乎更容易理解。信息，指音讯、消息、通信系统传输和处理的对象。那么，怎样将信息与知识产权客体联系在一起呢？宽泛地来讲，知识产权客体也是权利的客体，只是对其权利多了一个“知识产权”的条件范围限制，即此概念可以理解为权利所依附的对象。知识产权的主要内容包括专利权、著作权和商标权。在这里主要以专利权为例，专利权的客体包含发明、实用新型和外观设计，其中发明和实用新型所体现出的是技术方案，是发明人通过使用这一技术方案，将自己内心的想法呈现出来的一种方式，再通过专利申请，使其方案成为向公众公开的一种信息；外观设计也是如此。公众利用这些信息就能解决问题，不需要自

己创新和实践。这与郑成思教授所赞同的观点一致。由此可知，知识产权客体本质上是一种信息。

西方国家为了发展工商业而制定了知识产权制度，“知识产权”一词由此产生，而后慢慢传播到中国。我国由于接受知识产权的时间较晚，对知识产权客体适用性问题缺乏一定的理解与重视，以及对中医药中应该受知识产权保护的内容界定不清晰，导致中医药知识产权流失现象频繁。同时，中医药所强调的保护对象与西药不同，中医药强调的是对物质天然属性的发现，而西药则截然相反。因此，照搬西方的知识产权保护制度必然会出问题。

中医药的品种因集聚了中医药科研人员的脑力劳动，应属于客体类型中的智力成果。[1] 中医药科研人员对中医药药品中特殊成分的提取，以及对其成分进行的合理配比等，突出其创新性、新颖性是使其成为智力成果并受知识产权制度保护的关键。药品质量、治疗效果以及中医药资源的开发与科学技术水平具有很大的相关性，这在一定程度上决定了中医药品种必将是科研人员智慧的结晶。而对发展中国家来说，在对中医药知识产权制度的理解不足和中医药资源开发不重视的情况下，几乎无法获利或利润甚微[2]，甚至他国开发利用中医药药方剂作为医药原料申请专利的情况时有发生。例如，日本对我国的中医药配方疯狂抢注，将我国已经使用多年的组方注册了专利，利用传统的中医书籍，对其进行开发获得了上百项专利。韩国通过改变我国中成药“牛黄清心丸”的剂型，将丸剂改为口服液，取得了专利授权从而抢占我国中医药的国际市场。诸如此类，不计其数，可见我国的中医药知识产权流失严重。

究其原因，在于我国缺少对中医药与科技研发的结合，在中医药与知识产权客体适用性问题上缺乏明确判断。

四、中医药保护制度和知识产权保护制度调查

(一) 中医药作为非物质文化遗产认知度调查

如今很多人对于中医药是否属于非物质文化遗产这一问题持不确定甚至

否定的态度。事实上，中医药确实属于非物质文化遗产保护的内容。非物质文化遗产是各族人民世代相传，并视为其文化遗产组成部分的各种传统文化表现形式，以及与传统文化表现形式相关的实物和场所。我国非物质文化遗产有民间文学、传统音乐、传统医药等10大门类，其中传统医药“非遗”代表性项目有8大类，为中医生命疾病认知、中医诊疗方法、中药炮制技能、中医传统制剂方法、中医针灸、中医养生、老字号传统中医药文化、民族医药[3]，种类完备。因此，不言而喻，人们对非物质文化遗产的认识了解不够，从而导致不了解中医药属于非物质文化遗产，更不必说对中医药采取知识产权制度保护的措施了。因此，提倡大医精诚、加强中医药非物质文化遗产的传承成为大势所趋。

（二）中医药知识产权保护积极性调查

中医药知识是我国民族文化的重要组成部分和祖先的智慧结晶[4]，知识产权保护问题是制约中医药产业发展的重要因素。目前，我国的中医药公司普遍强调对中医药的行政保护，但对知识产权保护的认识却相对缺乏。中医药公司在拥有的独立知识产权的数量和质量以及对知识产权管理的专业性方面与国际大型公司相比仍有一定的差距，这导致它们在全球医疗市场的竞争中处于落后地位，从而制约了中医药产品和中医药企业的长远发展。[5]

1. 专利申请积极性不高

目前，绝大多中医药企业对于专利的申请持两种态度，一种是既不懂专利是什么，完全将其抛之脑后，也不管别人如何使用自己的专利，只要自己做好自己的中医药生产与销售即可；另一种则是片面地、主观地认为申请中医药专利会将其商业秘密公开，从而使大众免费使用，失去了自己的独占性，因此，不愿意申请专利。

这明显就是对知识产权缺乏了解的表现。首先，很少有中医药企业能够积极申请专利，保护中医药的知识产权。这说明我国中医药企业申请中医药保护专利的意识薄弱，不知道申请专利的益处，因而专利申请积极性不高，丧失了大量的市场空间。其次，由于中医药保护既存在于行政保护范围内，又存在于专利保护的范畴，两者的使用界限不清晰，因此权利人对于选择哪种保护并不清晰。[6]

2. 保密措施不严谨

这里的保密措施指的是对商业秘密的保护措施，涉及对中医药商业技术秘密的保护。目前，中国已经存在许多对中医药商业技术秘密保护的措施，如处方保护方面，云南白药、片仔癀、安宫牛黄丸、六神丸、华佗再造丸和正骨水等10多个国家级保密处方受国家《保密法》保护。[6] 然而，其保密工作仍然存在诸多不严谨之处，令人担忧。

部分中医药企业对商业秘密的保护意识淡薄。企业内部管理中，缺乏完善的保密制度和流程，员工对于哪些信息属于商业秘密以及如何保护并不清楚。例如，一些企业在研发过程中，对实验数据、配方等关键信息的管理较为随意，未进行加密处理或限制访问权限，员工可轻易获取并有可能无意间泄露。[7] 在对外合作方面，企业也不够谨慎。与其他机构合作研发或进行技术交流时，未签订严格的保密协议或对协议条款执行不力。这使得合作方可能在不经意间获取并传播中医药商业秘密，尤其是在涉及国际合作时，因不同国家法律和商业环境的差异，保密风险进一步加大。

此外，随着信息技术的发展，网络安全威胁日益凸显。中医药企业在数字化转型过程中，对网络安全的投入不足，缺乏有效的数据防护措施。黑客攻击、数据泄露等事件时有发生，导致中医药商业秘密在网络空间中面临巨大风险。中医药商业秘密保密不严谨，不仅会损害企业的经济利益和竞争优势，还可能影响中医药行业的整体发展。

（三）中医药知识产权保护冲突

在中药的品种、方法保护中，若有特殊法保护，则适用特殊法，若无，则适用上位法。由于存在《中药品种保护条例》这一特殊法，因此在保护过程中《专利法》就不适用于所有保护。虽然专利制度的排他性和保护性强，但这并不代表它对中医药的保护没有局限，如专利保护期短，一些中医药的诊疗方法不在适用范围之内，中医药因缺乏创新性和新颖性而不受专利权保护等。由此中医药的行政保护就显得极其重要。行政保护权所体现的具体法律规定就是《中华人民共和国药品管理法》（以下简称《药品管理法》）第36条。而《中药品种保护条例》正是依据本法的规定而制定出来的对除申请专利的中药品种外的其他中药品种的特殊保护。近年来，随着《药品管理法》和《专利法》等法律的修订，中医药品种的行政保护和专利保护产生了一定程度的对立。这代表着企业若选择其中一种保护，就相当于放弃了另外一种。因此，对企业来说，权衡两者的利弊极为重要。而《中药品种保护条例》和《专利法》的冲突需要在今后的修法中解决。[8]

（四）“生物盗版”侵权频出

中医药领域的生物盗版问题是指体现在生物多样性资源的制药技术应用中的不正当使用现象。[9] 其中，生物盗版侵权可分为两种情况：第一，由于审查员在翻阅文献的时候没有注意到已经存在或者历史文献中并没有明确规定而使专利申请重复，因而造成无意侵权；第二，未经授权人许可而擅自模仿或直接使用其专利的故意行为。现实中出现更多的是第二种故意行为。我国的中医药资源丰富，存在巨大的使用价值，但作为发展中国家并没有因此获利，原因就在于单纯的生物多样性资源不受国际知识产权的保护，而更加强调对通过科学技术从药物中提取的成分的保护。发达国家以科技发达而著称，使得其对发展中国家进行传统中医药知识的掠取和作为公共资源使用更加容易，而发展中国家对此进行制止和保护就更加困难了。

五、中医药知识产权保护面临的困境分析

（一）中医药特殊性与知识产权保护相冲突

1. 知识产权制度的私权性

中医药是中国各族人民在几千年的生产生活实践和与疾病的不断斗争中逐步形成并不断丰富发展的医学科学。其在历史发展进程中，兼容并蓄、创新开放，形成了独特的生命观、健康观、疾病观、防治观，实现了自然科学

与人文科学的融合和统一，蕴含了中华民族深邃的哲学思想，是中华传统文化不可分割的重要组成部分。2016年国务院新闻办公室发布的《中国的中医药》白皮书中明确写道："坚持以人为本，实现中医药成果人民共享是中国发展中医药的基本原则和主要措施之一。"[10] 也就是说，在中国的传统发展理念中，中医药成果属于社会公共资源。而知识产权制度最早起源于西方国家，是我国为了鼓励创新发展从国外引进的一种保护制度，在我国最先实施的是1982年颁布的《商标法》。由于知识产权制度在我国起步较晚，但发展速度快，所以该制度体系目前发展得并不是很健全。它的发展理念与西方资本主义制度比较接近，注重个人或者小部分群体的利益，保护他们在智力劳动过程中产生的智力成果，目的是确保他们在市场中的竞争优势，也就是说知识产权制度保护的是私权，即"私有财产神圣不可侵犯"。而在我国传统观念中，中医药是共有资源，所以在实行中医药知识产权保护的过程中，难免会发生知识产权理念与传统观念的冲突。

2. 中医药改良品种新颖性不足

以中医药药方为例，我国的中医药技术和药理药方等大多数都可在现存的古书籍中找到，一直处于公开的状态。在数千年的发展过程中，中医药不断吸收和融合各个时期先进的科学技术和人文思想，不断创新发展，理论体系日趋完善。因此，现在的大部分药方都是在古代经典药方的基础上加以改进的，已经对疾病的治疗方法进行了高度概括，所以一般在进行是否具有新颖性的判定时，中医药药方专利申请会因新颖性程度不够而被"一票否决"。

3. 保护期限

知识产权主要保护私权。也就是说，如果我们想要直接运用知识产权保护中医药，我们就要把符合保护条件的中医药品种看作品种研究人或其相关利益人的私有财产。由于知识产权制度的建立初衷是为了保护智力成果，鼓励人们创新，带动市场经济发展，所以其保护时效具有一定期限。除了"只要信息一直处于保密状态，权利人可以决定对商业秘密进行无期限的永久性保护"的商业秘密外，商标、专利和著作权等都是有一定的保护期限的。特别的是，只要专利申请成功，其相关核心内容必须公之于众。一旦保护期限结束，其所申请的内容就将转化为公共资产，这在某种程度上限制了权利人行使权利的范围。中医药作为历史的产物，综合了人文、自然等多重因素，而这些因素并非人力所能控制，在有限的时间内创新，将利益发展至最大化，本就是一件很难的事，在此期间还要时刻防备他人侵犯自己的合法权益，更是难上加难。

4. 因中药作用成分不明或其毒性导致申请专利难

现行专利授权评价标准主要是基于西药可量化表征等特性而确立的。中药因成分复杂、有效成分难以确定、作用机制不明确、部分药物有毒或药物之间相克等特性，与现行的专利制度存在天然不兼容的情况。[11] 更重要的是，如果中药配伍或炮制过程中出现一点小差错，就可能使原本没有毒性的中药材变成带有毒性的药剂。[12] 同时，在申请专利的过程中，可能会因为认定该药方有效成分不明、损害第三人利益，而判定该项申请为“不正常专利申请”。《专利法》第 5 条第 1 款明确规定：“对违反法律、社会公德或者妨害公共利益的发明创造，不授予专利权。”含有毒性的药材或可能合成有毒药剂的药方是专利审查的重点对象。正如含毒性药材的中药制剂在药品注册审批中已得到严格把控一样，在专利审查中遇到的含有毒性药材的专利申请，同样不容小觑，审查员应该更严格地把控专利审查流程。

(二) 消费者知情权与商业秘密之间的冲突

《消费者权益保护法》第 8 条第 2 款规定：“消费者有权根据商品或者服务的不同情况，要求经营者提供商品的价格、产地、生产者、用途、性能、规格、等级、主要成分、生产日期、有效期限、检验合格证明、使用方法说明书、售后服务，或者服务的内容、规格、费用等有关情况。”消费者知情权是消费者权利体系中的基础性权利，既是消费者权利实现的前提，也是消费者权利实现的保障，消费者有很多权利都是在知情权的基础上实施的。按照我国《反不正当竞争法》的规定，“商业秘密是指不为公众所知悉、能为权利人带来经济利益，具有实用性并经权利人采取保密措施的技术信息和经营信息”。前者保护消费者的合法权益，后者保护经营者的合法权益，从定义上看，它们所保护的权利范围可能会发生交叉甚至是重合，在很大程度上也会发生冲突。所以我们应该在这两个权利之间找到一个合适的平衡点，从而有效维护消费者和经营者的大部分权益，将损失降到最低。

六、对策及建议

（一）制定关于中医药的特殊保护制度

经历了数千年，中医药已经发展得十分完善，成为我国传统文化中不可分割的一部分。而知识产权是从西方国家引进我国的，其基于资本主义制度，更注重私权保护，与我国传统理念不符，所以，我们应该发展属于我国的知识产权保护制度，并制定关于中医药的特殊知识产权保护制度。

1. 适当扩大中医药新颖性审查范围

由于中医药已发展数千年，较其他领域而言其创新发展空间不大。为更好地保障中医药市场发展、中医药技术创新，笔者认为应适当扩大中医药新颖性审查范围。也就是说，在技术特征已经被现有技术公布的情况下，专利审查员要对传统中医药证候、疾病的对照进行全面的考量，结合医药市场、中医药新品种研究进展等方面，综合考量是否授予其专利权，并降低对其新颖性的要求。[13]

2. 对中医药新品种设置专门保护期限

因为中医药品种创新发展的难度大且创新和创造程度有限，为了更有效地刺激中医药的创新发展，更好地促进我国传统文化的创新发展，我们应该对中医药新品种设置专门的保护期限。这样不仅可以刺激中医药的创新发展，还可以在一定程度上保证中医药新品种的质量。

3. 建立完善中医药专利申请指导服务体制

以中医药药方为例，其药方中不仅包含中医药药材，还记载了其配伍、炮制等工艺过程，由于该过程过于复杂，所以最终的有效成分其实很模糊。再者，中医药药材中不仅有许多药材带有毒性，而且部分无毒药材之间也会相克，一同吃了也会产生毒性，同时，若配伍、炮制过程稍有差错，最后的“良药”也可能就成了毒药。所以，以上种种无一不说明，配制药剂必须非常小心谨慎。而如何将这复杂的药方解释清楚，这需要非常深厚的医学功底；如何将这复杂的药方呈现为一份成功的专利申请书，不被误判为“非正常专利申请”，这需要专利代理师扎实的专业知识。所以，应该完善中医药专利申请指导服务体制，规定知识产权代理机构必须定期组织专利代理师培训相关内容；在中医药专业课程中也应加强学生对知识产权制度保护的理解与重视。

（二）协调知情权与中医药商业秘密的冲突

为了协调知情权与中医药商业秘密的冲突，我们应该平衡好消费者和经营者双方的利益。因此我们应该遵循必要的知情原则，即最低知情原则。它是指在市场经济中能够影响消费者对商品作出选择的必要的信息，消费者都有权利知情，但是涉及核心、底线的商业秘密除外。一方面，这样可以保护消费者不受欺骗，自主选择想要的商品；另一方面，经营者仍然可以保持自己在市场中的竞争优势，这在一定程度上让双方权益都得到了有效保障。

（三）构建中医药传统知识数据库体系

1. 建立中医药数字图书馆

为了推动中医药的创新发展，我们需要加强中医药数据保护。[14]《中医药法》第43条规定：“国家建立中医药传统知识保护数据库、保护名录和保护制度。”我们可以借鉴印度在传统知识保护方面的“蜂巢数据库”，建立与《专利法》相衔接的中医药专属数据库。同时针对中医药本身的特性，对《专利法》的程序性规定与实质性要件进行修改完善，建立一套独立的专利审查体系。以此类推，结合《商标法》《著作权法》等各自的特点，分别建立与之相链接的中医药专属知识库，再将他们合并，形成一个专属中医药的数字图书馆。拥有一个专属中医药的数字图书馆，不仅可以加大中医药知识产权保护力度，还可以促进中医药的创新发展。

2. 制定来源披露、知情同意及惠利分享机制

遗传资源的分布和利用水平在国际范围内存在明显差异，发达国家缺乏

遗传资源却具备先进的生物研发技术，发展中国家缺乏发展创新所需要的高新技术，却坐拥大量的遗传资源。发达国家便以勘探开发的名义到发展中国家获取遗传资源，进行大量研究并将研发产品申请专利，抢占国际市场。

1972 年，联合国召开人类环境会议，与会各国共同签署了《人类环境宣言》，生物资源保护条例被列入二十六项原则之中。1993 年，《生物多样性公约》正式生效。《生物多样性公约》无疑是国际公约中对中医药传统知识保护力度最强的，也是世界上唯一一部具有约束力的明确涉及传统知识的国际公约。依照其相关规定，富有生物资源的资源国对本国的生物资源享有主权权利、可以主张信息披露，以及共同研发与利益分享，[15] 即直接基于遗传资源或利用遗传资源和相关传统知识的专利申请，必须按照提供遗传资源国家的法律，披露该遗传资源和相关传统知识的来源，并同时提交事先知情同意、双方商榷条件以及主权国家同意的资料。为保障我国的权益不被他国侵犯，我们应制定、完善并落实相关规定，才能维持我国在国际市场中的竞争优势。

七、结语

本次调研旨在了解重庆市中医药知识产权保护的情况，通过问卷调查及线下定性定量调研等方式，我们收集了大量有效的数据和反馈，并发现，虽然大多数受访者对中医药知识产权保护有一定的认识，但他们对具体的法律法规和保护措施的认知还不够深入，缺乏有效的方法和途径来保护自己的知识产权。

我们认为，可以通过加强重庆市中医药知识产权保护的宣传教育来提高市民的法律意识和自我保护能力，同时政府和相关部门也应该加大对中医药知识产权保护的力度，制定和采取更加严格的法律法规和措施，以保障中医药知识产权权利人的合法权益。只有这样，才能促进中医药事业的发展，让更多的人受益于中医药的独特价值。希望本次调研能够为中医药知识产权保护提供有益的参考和建议，为中医药事业的发展作出贡献。

参考文献

[1] 李慧. 中药品种成为知识产权新型客体的可行性研究［J］. 中草药，2021，52（22）：7078-7082.

[2] 闫子晗. 将生物遗传资源纳入知识产权保护体系：立足知识产权客体视角［J］. 产业创新研究，2022（16）：107-109.

[3] 丁洋. 非遗保护下的“水土不服”［J］. 中医健康养生，2016（6）：16-17.

[4] 肖洁，石晓华，杨义. 对高等中医药院校师生之知识产权保护意识的调研［J］. 医学与法学，2021，13（6）：95-100.

[5] 陈昊群，郭志成，刘兰茹. 我国中药企业知识产权战略研究［J］. 中国药业，2011，20（8）：15-16.

[6] 王璐. 传统医药知识产权与遗传资源权的博弈合作：以新冠肺炎防治中医药的保护为例［J］. 暨南学报（哲学社会科学版），2022，44（5）：108-118.

[7] 邓恒，杨雪. 中药传统知识的法律保护：模式选择与制度设计［J］. 医学与法学，2023，15（2）：38-44.

[8] 代刃，张亮. 我国中医药知识产权保护行政规制的完善：针对生物盗版问题［J］. 前沿，2011（21）：79-81.

[9] 梁艳. 传统知识非专有产权保护模式研究：以中医药法为契机［J］. 甘肃社会科学，2017（6）：148-154.

[10] 最高人民法院知识产权法庭调研组. 中药品种权保护相关法律问题研究［J］. 中国应用法学，2021（4）：6-32.

[11] 王艳翚，宋晓亭. 构建中医药商业秘密保护制度探析［J］. 中州学刊，2014（7）：61-67.

[12] 王赛男，田侃. 中医药传统知识的知识产权保护现状［J］. 辽宁中医药大学学报，2014，16（5）：92-95.

[13] 刘煜峙，尹梅，闫冠韫. 从知识产权的体系化看对中医药的法律保护［J］. 医学与法学，2021，13（1）：69-75.

[14] 杨显滨. CBD与TRIPs协议冲突视野下公知中药配方的知识产权保护［J］. 政法论丛，2017（1）：112-122.

中医药知识产权保护*

——以重庆市青蒿素知识产权调研为例

一、调研背景与意义

2015 年 10 月 5 日，屠呦呦因研发抗疟药物青蒿素和双氢青蒿素获得诺贝尔生理学或医学奖，这一事件的发生在一定程度上导致国内外对青蒿素的应用市场增加。由调研查询得知，重庆市政府和相关公司已经开始大力合作并发展对青蒿的规范化栽培，而且随着现代制剂技术的发展，研究人员已研发出青蒿素类药物的复方制剂。本报告希望通过对重庆市青蒿素知识产权的调研，推动我国青蒿素和中医药相关的科学研究和技术创新，为中医药的现代化转型和国际化发展提供支持和保障。

习近平总书记在中共中央政治局第二十五次集体学习会议上，就进一步强化知识产权保护作出了重大部署，为做好中国知识产权保护事业提供了根本准则和行动指南。同时会议也充分肯定了加强国内知识产权保障工作取得的历史性成就，具体阐明了国内知识产权保障工作的重要意义。中医药作为我国优秀的传统文化，与西药差异明显，青蒿素的研发表明，我国本来具有自主知识产权的青蒿素药物的国际产业化大大落后于西方。[1] 中医药知识产权保护调研对于保护中医药文化、提升中医药产业竞争力、促进国际交流合作等具有十分重大的意义。我们应该高度重视中医药知识产权的保护工作，

---

* 作者：陈曌、蒋琴琴，重庆理工大学经济金融学院 2021 级本科生。

并加强相关研究和政策立法，推动中医药知识产权事业的可持续发展。因此，本报告以重庆市青蒿素知识产权调研为例，探索中医药知识产权保护具有的实际参考价值。

二、调研目标与方法

（一）调研计划

调研内容：中医药知识产权保护

调研时间：线上问卷 2023 年 9 月 5—11 日

线下访谈 2023 年 9 月 10 日

调研对象：重庆理工大学学生、重庆市知竞合专利代理事务所

调研目的：以重庆市青蒿素知识产权调研为出发点，探索中医药知识产权保护的价值所在，通过提高个人、企业、国家对中医药知识产权的保护意识，促进我国中医药知识产权长远而稳健的发展。

（二）调研方法

1. 线上网络问卷调查

本研究以重庆理工大学学生为调研对象开展线上问卷调查，本小组通过为期一周的调研，从网上收集了大量数据并整合了相关资料，以此展开问卷调研。

本次线上问卷调研的主要思路见图 1。

本组将思路具体化，撰写出 16 个问题，再经过为期三天的线上问卷收集，收集到有效问卷共 203 份，最后通过问卷数据分析结果，撰写出本调研报告。

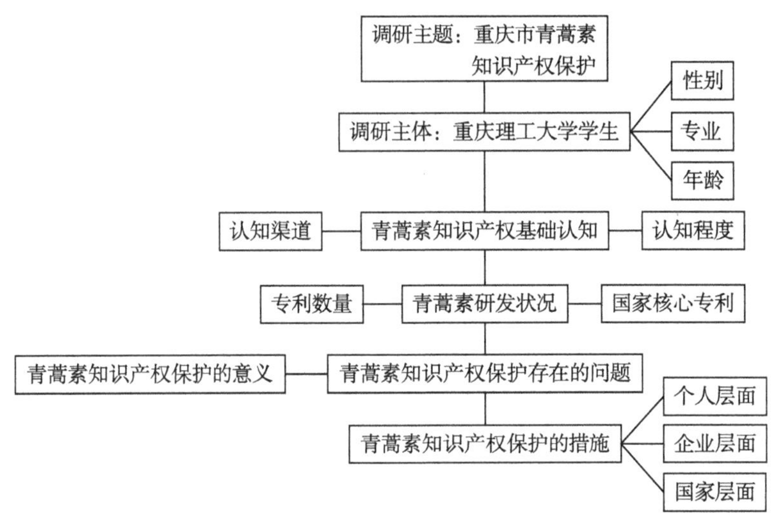

图 1　线上调研问卷思路

2. 线下实地考察调研

本小组前往重庆市知竞合专利代理事务所进行调研，与该事务所创始人成艳和李婷进行了线下沟通访谈。在进行线下访谈前，小组成员对该事务所进行了为期两天的调查。

该事务所的核心业务围绕知识产权价值体系理念展开，主要包含四个方面的代理服务：高价值知识产权培育规划服务、高价值知识产权代理服务、高价值知识产权运营规划服务、知识产权战略规划服务（见图 2—图 3）。

图 2　重庆市知竞合专利代理事务所图标

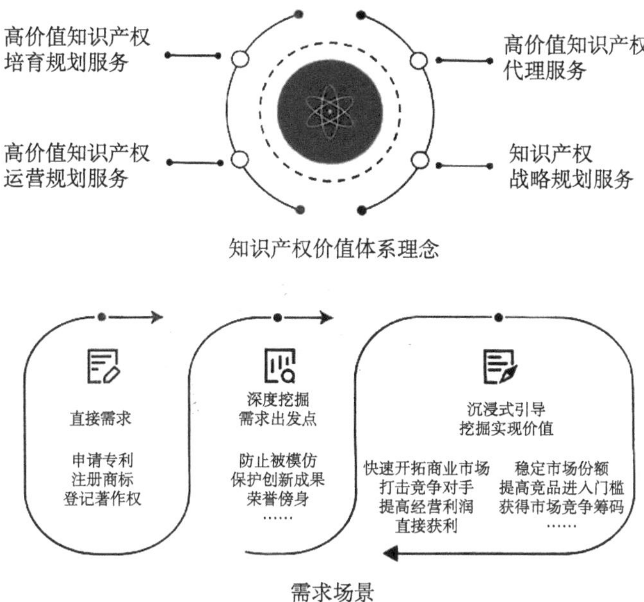

图 3　重庆市知竞合专利代理事务所业务简介

经过对该事务所的调查，共归纳总结出 14 个中医药知识产权相关的问题，后经过实地调研、整理问卷调研内容并结合该事务所中医药知识产权代理的实际情况，最终撰写出本调研报告（见图 4）。

图 4　现场访谈照片

图 4　现场访谈照片（续）

三、调研数据分析

（一）个人层面

此次问卷调研对象主要为重庆理工大学在校学生，其中男生 36 人，占总人数的 17.73%，女生 167 人，占总人数的 82.27%。本次调研主要从以下四个年龄段展开：18 岁以下总计 5 人占比为 2.46%，18—28 岁总计 198 人占比为 97.54%。此外，我们在调研年龄段的基础上还划分了专业类别：工科类、文科类、理科类、医学类、艺术类等，通过探究不同性别及专业的本校学生对青蒿素知识产权相关信息的了解，本小组得出以下结论：

1. 了解程度浅显

调研结果显示，本校大学生对青蒿素知识产权的了解程度为：从未了解过青蒿素知识产权相关信息的学生占比为 13.3%；了解不深，隐约知道青蒿素知识产权相关信息的学生占比为 66.5%；了解部分青蒿素知识产权相关信息的学生占比为 19.21%；深入了解青蒿素知识产权相关信息的学生占比为 0.99%。

由上可知，本校极少学生在自己的专业领域、个人兴趣方面对青蒿素知识产权有着较为深入的了解。但他们能够意识到青蒿素知识产权对我国中医药发展的重要意义，并且会留意到一些关于保护青蒿素知识产权以及中医药知识产权的相关法规和政策；另外，一部分学生对青蒿素知识产权可能有了解，但了解程度相对较浅。他们可能知道青蒿素知识产权的概念和基本内容，但对具体的保护方式和相关法规了解有限；还有少部分学生可能对青蒿素知识产权缺乏了解，甚至没有听说过这个概念。他们对青蒿素可能只停留在传统医学知识的层面上，没有关注到青蒿素相关知识的创新和知识产权保护的重要性（见图 5）。

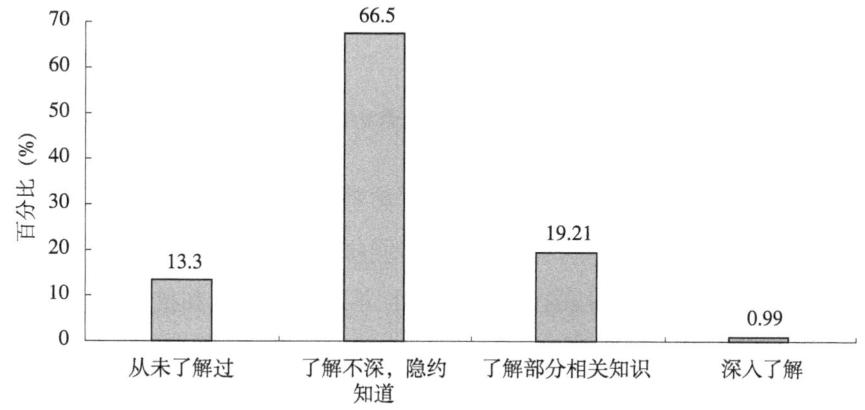

图 5　本校学生对青蒿素知识产权相关信息的了解程度

从以上分析得出，本校大学生对于青蒿素知识产权相关知识的保护意识和重视程度普遍不高，且由于大学生在青蒿素知识产权保护方面缺乏了解和实践经验，因此往往没有意识到青蒿素知识产权保护的真正价值所在，这为我们进一步探究中医药知识产权保护的相关信息提供了有效动机。

2. 认识渠道单一

调研发现，被调研对象对“屠呦呦因研发抗疟药物青蒿素和双氢青蒿素获得诺贝尔生理学或医学奖”这一事件了解的人数占比虽大，但仍有 10 人未了解过此事件，这表明本校学生对专业类新闻关注度不高，接下来的渠道调研中也证实了此现象。

关于本校学生了解青蒿素知识产权的渠道，调研数据显示：通过相关讲座了解青蒿素知识产权的人数占比为 15.76%；通过相关书籍报纸了解青蒿素知识产权的人数占比为 36.45%；通过网络阅览及新闻报道了解青蒿素知识产权的人数占比为 75.86%；通过其他渠道了解青蒿素知识产权的人数占比为 15.27%（见图 6）。

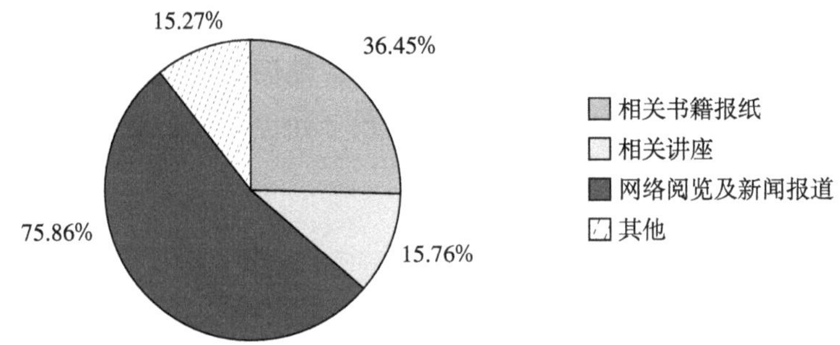

图 6　本校学生了解青蒿素知识产权的渠道

通过数据分析得出，本校学生了解青蒿素知识产权的渠道较单一，大部分学生仅仅通过书籍报纸、网络阅览及新闻报道了解时事。这一方面是因为他们对青蒿素相关知识产权的兴趣度不高，不愿深入探索和挖掘其内在价值；另一方面是因为渠道的单一令他们产生认知局限，且大学生了解到的青蒿素知识产权保护的信息比较片面。

3. 认知思维局限

关于青蒿素知识产权，对 2015 年中国拥有的青蒿素医药类专利数量和同年全球青蒿素医药类核心专利主要掌握国家这两个问题展开调研，数据表明：能够完全回答正确的人数仅为 10 人，占比约为 4.93%。

其中我校学生认为在 2015 年中国拥有青蒿素医药类专利数量为 1668 件的，占比为 21.67%；认为专利数量为 1669 件的人数占比为 38.42%；认为专利数量为 1670 件的人数占比为 30.05%；认为专利数量为 1671 件的人数占比为 9.85%（见图 7）。

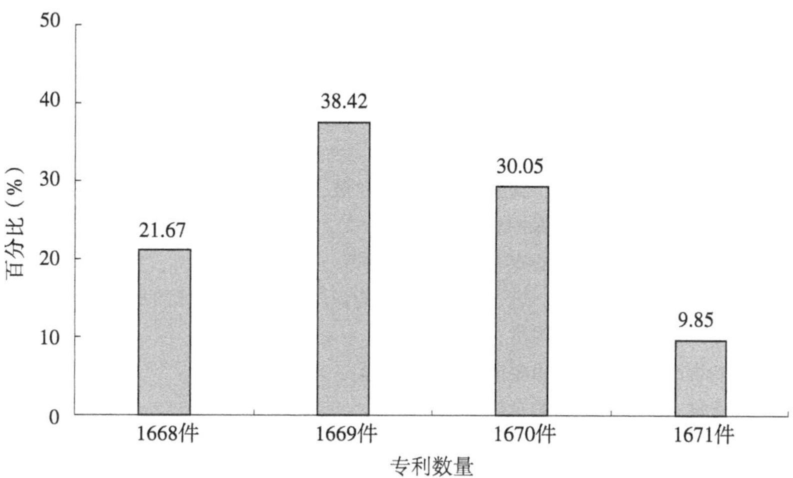

图7　本校学生关于2015年中国拥有青蒿素医药类专利数量的选择

此外，我校学生认为2015年全世界青蒿素医药类核心专利主要掌握国家是美国的人数占比为30.05%；认为核心专利主要掌握国家是加拿大的人数占比为3.94%；认为核心专利主要掌握国家是中国的人数占比为62.56%；认为核心专利主要掌握国家是德国的人数占比为3.45%（见图8）。

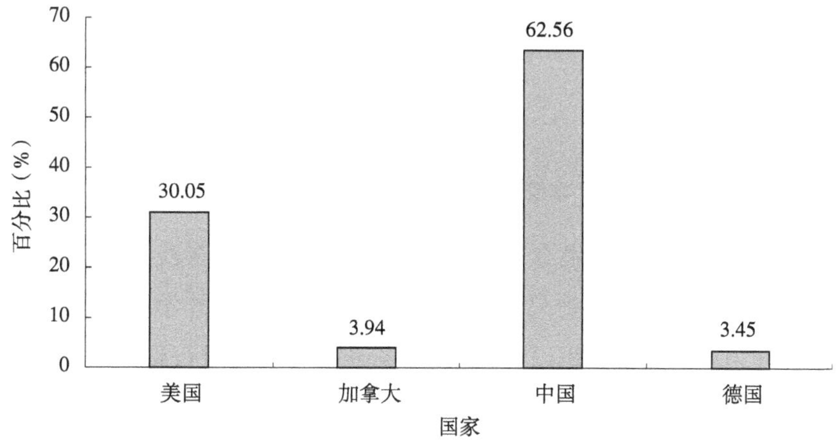

图8　本校学生关于2015年全球青蒿素医药类核心专利掌握国家的选择

综合以上数据发现，我校学生凭借个人经验和认知水平，普遍认为2015年中国拥有青蒿素医药类专利数量为1669件。通过调研发现，本校大学生普遍认为中国是青蒿素医药类专利发明人的主要聚集地，但青蒿素医药类核心专利主要掌握国家为美国[2]。他们对青蒿素知识产权保护的相关看法及主要关键词云见图 9。

①继续研究青蒿素知识产权，其核心我们也会攻破；
②我国对青蒿素知识产权的保护意识不够强；
③我国应加强青蒿素药物核心专利的申请和保护；
④我国应将专利与市场衔接，进一步完善相关知识产权法律，以保护我国青蒿素知识产权；
⑤加大青蒿素知识产权保护力度；
⑥青蒿素知识产权保护的技术要向美国学习借鉴；
⑦中国的青蒿素知识产权保护意识不强；
⑧青蒿素的知识产权应该留在中国；
⑨我国青蒿素知识产权保护意识欠缺。

图 9 本校学生相关看法及主要关键词云

另外，本校学生对青蒿素知识产权的保护仍然停留在浅层认知，单纯认为对青蒿素知识产权的保护只需加强个人意识培养和对外学习借鉴，并未从加强企业知识产权保护意识以及促进中医药创新等方面进行思考和探究。

（二）企业层面

本小组通过线下实地调研及线上网络数据收集，整合出相关企业中医药知识产权情况，如企业中医药知识产权受理数量及各种药品申请专利数量、企业合成药物产量、企业中医药创新药品申报及审批的相关数据。总结出以下结论：

1. 专利申请量增长趋势

图 10 显示：2019—2021 年，我国中医药专利申请受理数量曲线呈略微上升趋势；2020 年 5—6 月，我国中医药专利申请受理数量增长速度较快。2019—2021 年，这三年的 9—10 月，我国中医药专利申请数量有所下降迅速，但从总体看，中医药知识产权专利申请数量呈增长趋势。

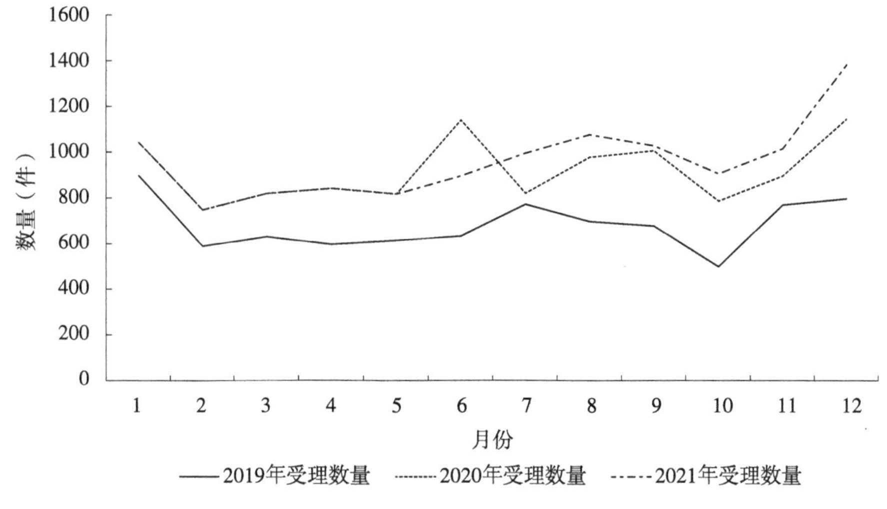

图 10　中医药专利申请受理数量

图 11 显示：2016—2021 年，我国化学药品申请量整体上呈现逐年增加的趋势，且比重较大；我国中医药品申请数量整体上变化平缓，增加幅度较小。中药的申请数量虽仍呈增长趋势，但我国药品的重点或市场趋势仍是化学药品和生物制品。

从以上数据显示，尽管我国企业在中医药领域的专利申请数量呈现出增长趋势，但相较于其他技术领域，中医药专利在整体专利申请中所占的比重仍然较小，这表明中医药领域在专利申请方面的增长潜力和当前的相对弱势。[3] 此外，中国在 1994 年就已经正式加入《国际专利合作条约》（PCT），国内申请的专利只要在其中任何一国申请成功，就可以在任何一个成员国中产生立法效应，但是中国的中医药却很少使用这一方法来占领国际市场。

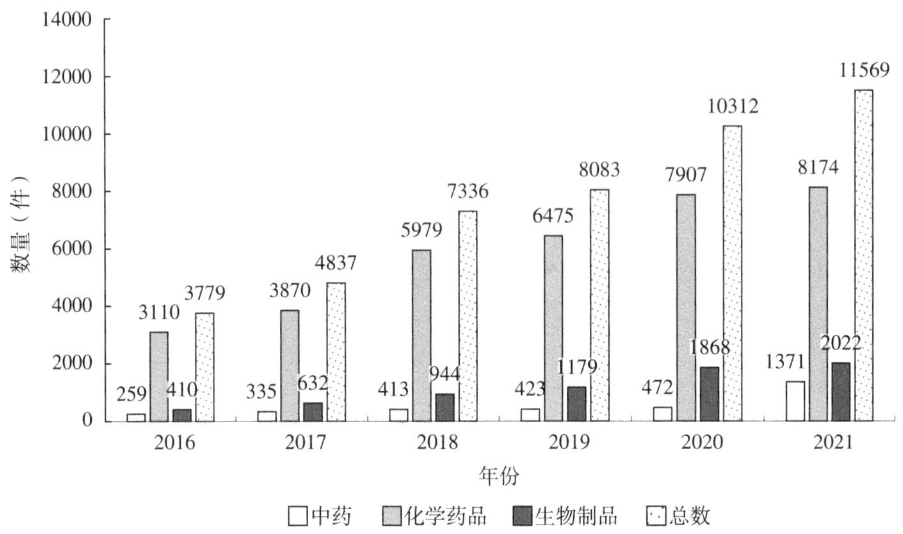

图 11　各种药品申请专利数量

图 12　线下调研

线下调研也侧面证明了企业申请中医药知识产权的数量虽呈增加趋势，但中医药专利申请并不是专利申请重心。目前中医药知识保护局限于经典方剂、道地药材等部分客体[4]，没有对中药材的元素进行分析和创新。据调研了解，前几年大部分中医药相关知识产权都是对药材进行组合配对成药，数量大幅度增加，但这并非专门对药材的成分进行技术提取。

此外，据调研得知，国家中医药知识产权的相关法律法规已与世界接轨。经过国家宣传和普及知识产权相关信息，大众和企业对知识产权有了一定的了解，但认知仍然处于最浅层的水平；我国科研人员主要集中在高校、科研院所，存在重成果轻保护的现象，这也造成了中医药知识产权保护不被重视的局面。

2. 中成药产量呈增长趋势

中商情报网显示，2022 年 1—2 月全国中成药产量为 48. 1 万吨；2022 年 3—7 月全国中成药产量趋势平缓；8 月略有下降；9—12 月全国中成药产量呈逐渐上升趋势，其中 2022 年 12 月全国中成药产量为 26. 4 万吨，同比增长 3. 5%（见图 13）。[8]

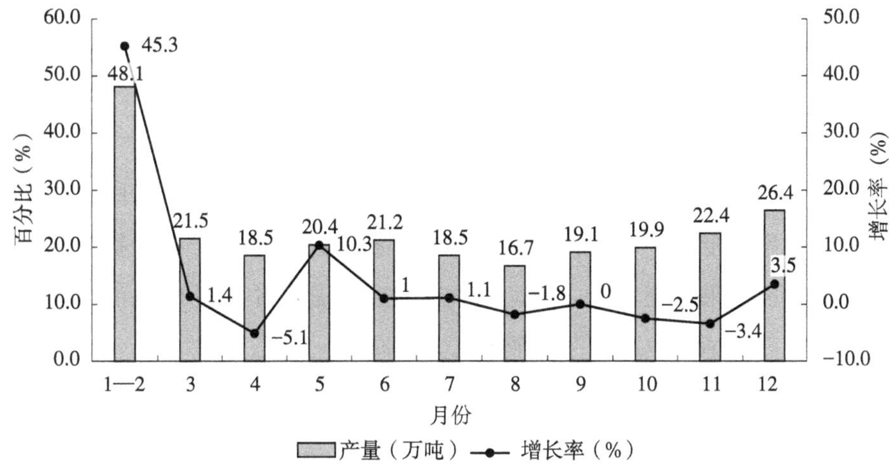

图 13　2022 年全国中成药产量及增长情况

查阅中商情报网得知，2022 年 1—12 月中国中成药每月的当月产量、当月同比增长速度、当月累计增长速率如表 1 所示：其中，中成药每月产量基本持平，平均达 20. 46 万吨；中成药当月同比增长为正值，且集中在 3 月、5—7 月、12 月；中合成药当月同比增长为负值，且集中在 4 月、8 月、10 月、11 月；中成药当月累计增长 1 月、2 月、5 月、6 月为正值，其余月份均为负值。

表 1　2022 年全国中成药产量及增长情况

日期	当月产量（万吨）	当月同比增长（%）	当月累计增长（%）
2022 年 1—2 月	—	—	45.3
2022 年 3 月	21.5	1.4	1.3
2022 年 4 月	18.5	-5.1	-2.3
2022 年 5 月	20.4	10.3	1.3
2022 年 6 月	21.2	1.0	2.0
2022 年 7 月	18.5	1.1	-3.1
2022 年 8 月	16.7	-1.8	-3.9
2022 年 9 月	19.1	0.0	-2.8
2022 年 10 月	19.9	-2.5	-3.7
2022 年 11 月	22.4	-3.4	-3.7
2022 年 12 月	26.4	3.5	-3.4

上述数据显示出我国中成药产量呈现增长趋势。中成药产量的增加给传统中医药的发展带来了冲击，可能进一步导致中医药知识产权保护的不受重视。实地调研结果也证实了中医药目前存在的问题：中成药研发的增多给中医药及中医药申请知识产权保护带来巨大的冲击。

通过线下调研得知，中成药的出现提供了更多治疗选项，也为一些疾病提供了更有效的治疗方法。另外，中成药的研究与开发也推动了药物科学和临床医学的进步，为新药的研发与创新提供了技术支持。然而，中成药的出现也对传统中医药知识产生了冲击。一方面，中成药的广泛使用和推广使得一些中药的采集压力增加，导致道地药材减少（道地药材是约定俗成、古代药物标准化的概念[6]）；另一方面，中成药的商业化生产和市场竞争，可能会导致一些低质量的道地药材出现，从而降低了中药的整体声誉和人们的信任度。

中成药的普及在一定程度上改变了人们对中医药的传统认知，这种变化可能导致了对中医药知识产权保护意识的相对减弱。与此同时，人们在治疗选择上更倾向于西药或合成药物。这种现象反映出中医药领域在单一成分研发上的投入不足，而在合成药物的研发上则相对集中。因此，企业在合成药物领域的知识产权申请得到了更多的支持和保障。这间接表明，单一成分中医药在知识产权保护和专利申请方面面临较大的挑战，需要加强研发力度和保护措施，以确保中医药的创新发展和知识产权得到有效的维护。

3. 创新药申报不足

从国内中药创新药申报情况来看，自 2016 年以来，我国的中药创新药评审一直较为严格。在此背景下，我国中药创新药申报处于低迷状态。2016—2020 年，国内中药创新药年均申报数量仅有 380 件，每年平均获取国家批准的只有 2.6 件。2020—2022 年，国内中药创新药申报数量明显增加，达到 1371 个，截至 2022 年，国内中药创新药申报数量进一步提升到 1551 个（见图 14）。[7]

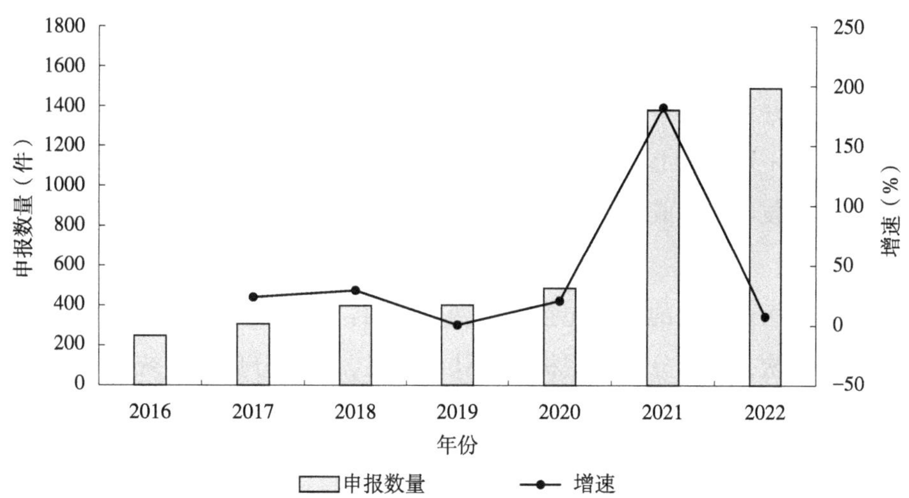

图 14　2016—2022 年中国中药创新药申报数量及增速

查阅华经产业研究院数据可知，在药物审批方面：2012—2016 年，中国中药创新药审批数量逐年下降，2017—2021 年，呈上升趋势，其中 2020—2021 年，上升趋势显著，2021—2022 年，下降趋势显著。其中 2016 年国内中药创新药审批上市提速，2021 年是近几年中药创新药获批上市数量最多的一年，2022 年获批数量有所下降（见图 15）。

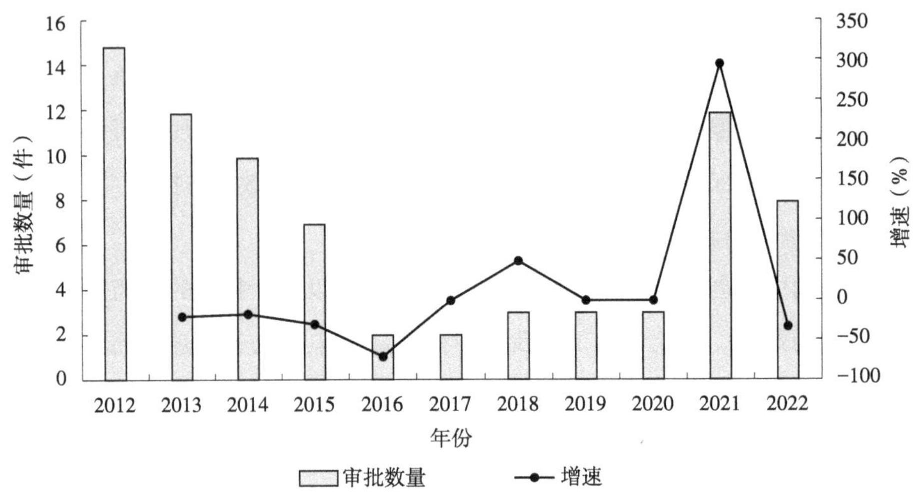

图 15　2016—2022 年中国中药创新药审批数量及增速

以上数据显示：2016—2020 年，我国中药创新药的申报数量呈上升趋势，但是通过审批的中药创新药数量却在递减，且数量远低于申报数量，这表明许多创新药并未通过审批流程，可能是由于审批标准严格，或者不符合审批要求，这在一定程度上显示出我国在中医药创新上遭遇到的阻碍，以及企业本身的创新技术不够成熟，从而进一步体现出我国中医药创新性有待进一步加强。

我国中医药存在的问题包括以下两个方面：首先，中医药的成分认识程度不深；其次，对成分的作用机理的认知不足，大部分凭借传统的中药经验对中药材进行组合得出药方。所以中医申请中医药相关知识产权难以实现。

（三）国家层面

本小组通过在网上收集相关数据，整合出国家相关发展指标，并对照中医药相关法律，对比分析得到我国法律及相关指标在中医药知识产权保护方面存在的不足。

1. 缺乏完善的实施规划

为深入贯彻我国中医药知识产权的保护发展战略，加快建设成为知识产权现代化强国，国家知识产权局印发了《2023 年知识产权强国建设纲要和

“十四五”规划实施推进计划》，提出完善新兴领域和特定领域知识产权规则，完善《国家中医药传统知识保护数据库入库及代表性名录发布暂行办法（草案）》；强化知识产权行政保护，推动药品专利纠纷早期解决机制有效运行，依法依规做好药品专利纠纷早期解决机制案件行政裁决工作。

规划表明国家对大数据方面重点关注，但对中医药知识产权保护方面关注不够。目前中国关于中医药知识产权保护的实施规划仍存在需要完善之处，不仅要对中医药知识产权进行保护，还要将中医药与大数据有机结合，对中医药知识产权进行系统性保护。

2. 法律保护不足

法律保护方面，应从多角度出发促进中医药发展，而不仅仅局限在“品种（配方与剂型）”上[8]。虽然现行的知识产权制度在保护国内中医药类上发挥了积极的作用，但在著作权、商标权、专利权、商业秘密保护中仍存在一定问题。在实际应用中，希望通过这些法律法规对中医药的知识产权提供更大程度的保护。

（1）著作权保护

著作权是指所有者依法对自己作品享有的专有权利。这一规定对中医药相关文献书籍的重新整合与编辑提供了著作权的保护。另外，著作权的保护客体需要具有原创性，但目前大部分中医药文章的创作原创性不足，大多数文献都源于生活经验与医疗实践，结合文献再创作的情形较多，因此造成大部分中医药创作著作权人很难被确定；著作权制度所保护的对象不应该超过一定时限，著作权保护期规定是作者有生之年加上死亡以后五十年。中医药的大量古老配方，因为历史悠久、主体不明，所以中医药相关著作权权益不能得到完全有效的保障。

（2）商标权保护

在现代知识产权制度发展过程中，商标既可以是商品标志又可以作为无形资产，商标的意义[9] 在于为权利主体创造出强大的经济效益和价值。目前《中华人民共和国商标法》及《中华人民共和国商标法实施条例》等相关法律法规对中医药知识产权问题的规定相对较少，且中医药产品商标权涉及范围和普及面相对较窄。尽管国内商标法规对中医药知识产权相关领域有着极大的促进发展与加强保护的影响力，但在中医药知识产权保护与运用方面仍然存在着一定程度上的缺陷与不足。如：部分企业会将中医药药品名称与商标名称混合使用，国内企业在处理中医药品名称同商标名称关系时，若不能够充分了解二者之间的差别，就会导致药品商标纠纷事件的出现。

（3）专利权保护

1963 年，中国颁布了《发明奖励条例》《技术改造奖励条例》，用奖励制度取代了专利制度[10]。此外，1985 年的《中华人民共和国专利法》中的相关政策条例说明了将与中医药药品有关的获取物质不提供及时的专利保护措施，只集中关注中医药药品的制作途径，且不阻止其他人通过其他不同途径获取药品。1993 年修改的《中华人民共和国专利法》才对中药药物发明进行专利支持。

由于专利体系并非中国的传统法制，所以它与传统中药没有紧密的联系，这就导致中医药在专利保护上还面临着很多的挑战。例如：传统中医药难以满足其创新性要求；《中华人民共和国专利法》（2020）第 25 条规定：“对下列各项，不授予专利权：（一）科学发现；（二）智力活动的规则和方法；（三）疾病的诊断和治疗方法；（四）动物和植物品种；（五）原子核变换方法以及用原子核变换方法获得的物质；（六）对平面印刷品的图案、色彩或者二者的结合作出的主要起标识作用的设计。对前款第（四）项所列产品的生产方法，可以依照本法规定授予专利权。”该规定使得我国传统中医的诊疗相关手段无法受到专利法的有效保护。

（4）商业秘密保护

目前，国内并无商业秘密的专门法，但相关法律法规中包含了关于商业秘密保护的内容[11]。商业秘密的条件过于严格，保护范围小，不利于大范围保护传统中医药。中医药在进入国内市场之后相关数据可能存在泄露风险。而且，企业的商业秘密保护也有其自身的弊端与不足：企业对商业秘密的认识不清晰、不懂得如何规范使用科学技术的方法等。

四、原因探究

（一）个人方面

1. *知识产权文化意识薄弱*

大学生对青蒿素知识产权的学习和了解程度相对较低。很多大学并没有将中医药知识产权保护作为必修课程，而青蒿素作为中医药的一个分支，学校也不会专门安排课程来教学。因此，大学生们对青蒿素知识产权保护的了解不够深入，导致对青蒿素知识产权保护的意识也比较薄弱。青蒿素事件导致基因资源流失等令人惋惜，同时也警醒我们反思和重视专利制度的保护。[12]

2. *知识产权情感需求微弱*

首先，目前市面上流通的中医药知识产权相关书籍较少，包括一些大学学校图书馆收录的中医药知识产权书籍也都年代久远、数量稀少、质量参差不齐，导致大学生对中医药知识产权认知片面且相关资源匮乏；其次，西药占市场份额越来越大，中医药发展难以维持，人们大多只能在中医药馆才能买到中医药，导致人们产生对西药产生依赖，忽视中医药的重要性，从而逐渐遗忘了对中医药知识产权的保护；最后，中医药相关从业人员因受到市场打击和盈利损失，不愿继续投资发展中医药，这在一定程度上对中医药知识产权发展产生了阻碍。

（二）企业方面

1. *知识产权保护意识薄弱*

企业缺少对中医药知识产权的认知和宣传。一方面是因为企业领导阶层不够重视。没有第一时间对科研成果申请专利进行法律保护，而是先进行成果鉴别，积极宣传、发布成果；其次是中医药知识产权法律意识淡薄，对员工极少进行中医药知识产权方面法律法规的集训，导致员工中医药知识产权相关法律意识薄弱。另一方面，部分企业没有成立法律顾问专业组，从而导致事前预防不达标，事中缺乏应急方案，事后挽救措施不及时。

2. 知识产权管理制度无序

目前企业虽然拥有大量知识产权，但知识产权的管理制度未及时顺应时代发展的趋势，引发部分中医药知识产权得不到及时、有效的保护和利用。出现这种现状的主要原因是：国内企业对知识产权的认知不清晰，以及相关知识产权管理制度落后。通过查阅资料可知，部分企业缺少清晰的知识产权规划，主要体现在以下三个方面：一是管理机制不完善；二是企业内部管理职责不明确；三是企业缺少有效的机制管理规章制度，部分企业无法对本企业所拥有的知识产权作出准确清楚的核查和评价，在侵权诉讼中往往处于被动，缺乏应急的举措。

3. 知识产权专业人才缺乏

企业忽视了引进和培养中医药知识产权管理人员，同时缺乏对中医药知识产权方面认知清晰的专业人员。在处理中医药知识产权时，企业经常由于知识产权专业人才的短缺而难以解决相关问题。企业员工普遍存在知识产权认知模糊、不了解专利申请过程、申请格式不规范等问题，无法高效率地解决企业中医药知识产权的冲突，维护企业自身的合法权益。

（三）国家方面

1. 知识产权保护立法亟待改进

我国制定了关于知识产权保护的法律法规，但针对中医药领域知识产权保护的立法仍然面临一些挑战[13]。目前对中医药的保护，仍主要以传统的专利和商标保护为主，对于传统知识[14] 的合理使用和保护缺乏有效的制度安排。

2. 知识产权保护力度亟待强化

基于中医药本身的特点，以及涉及的中药知识产权侵权案件也比较复杂，这就要求有专门的中医药知识产权执法人员来对其进行调查并作出判断。但目前相关执法机构在人员配备和技术手段上仍存在一定的不足，从而导致难以有效打击中医药知识产权侵权行为。

五、建议与对策

个人应提高对中医药知识产权的保护意识，学习中医药知识产权相关理论知识，并积极主动参与中医药知识产权的相关广告宣传和教育科普活动。

企业应加大对中医药知识产权的培训力度，推动全行业重视中医药的知识产权保护，积极推动中医药传承和创新，强化中医药科研和成果转化，打造中医药产业品牌。

国家层面应规范中医药知识产权法制体制，加强对中医药知识产权的引导和支持，提高中医药专利的授权率和保护水平，建立中医药知识产权冲突多因素化解制度，以保护所有者的合法权益。接下来将对个人动力、企业关键、国家保障三个方面[15] 进行详细的阐述：

（一）个人动力

1. 增强个人意识

个人应明确知识产权的价值和重要性，明确辨别侵犯中医药知识产权的行为，并加强自身维权意识。例如，个人需要及时了解中医药知识产权的内涵、种类和法律规定，这样在遭遇侵权时，可以“对症下药”，以此来有效保护自身的合法权益。

2. 加强学习创新

个人可以通过学习、借鉴、研究和创新等方式提升自身的中医药专业知识和技能，积极主动参与中医药知识产权的创造与保护，提升自我创新能力。

3. 合法规范经营

在从事中医药相关业务时，个人要严格遵守法律法规，不冒用、窃取他人的中医药知识产权，增强个人责任意识，维护自身及他人合法的知识产权。相关从业人员可以定期阅读相关知识产权的资料、期刊，这既有利于个人深入了解我国中医药知识产权的发展，也有利于个人认识到中医药知识产权的重要性、理解合法规范经营企业的重要意义。

（二）企业关键

1. 注重研发创新

企业应加强中医药的研发创新能力[16]，通过自主创新来形成具有竞争力的知识产权，并且通过制定相关激励机制来调动研发部门的创新积极性。企业可以加强对研发部门的技术培训，重视中医药的研发创新，建立激励机制调动研发人员的积极性。企业对中医药的研制与创新的重视，有利于提高中医药领域的影响力与传播力，从而推动整个中医药行业的传承与发展。

2. 强化保护意识

企业应加强中医药知识产权保护，通过设立专门的中医药知识产权管理部门或岗位，建立起相对完善的中医药知识产权管理体系；通过对员工定期开展中医药知识产权相关培训，提高员工的中医药知识产权保护意识。随着员工中医药知识产权保护意识的增强，不仅可以使企业在中医药知识产权保护方面领先于其他企业，还能够及时保护其合法权益。

3. 加强合作联盟

企业可与中医药研发企业、研究机构、高校及国际社会[17] 等建立合作伙伴关系或联盟。如企业和高校开展“产学研”[18] 合作（企业和高校可以共同策划、申报中医药领域的研发项目），双方可根据各自的优势和需求，确定共同研究的方向和目标，并共同承担项目的研发和实施工作；双方可以进行教师和研究人员的互派，共同组织相关培训和学术交流活动，共同培养具备中医药知识产权研发能力的人才，从而促进知识产权领域的人才培养和技术交流。

（三）国家保障

1. 完善法律法规

国家立足于中医药行业的发展特点，为中医药发展提供了更好的法律保障，以避免中医药知识产权侵犯事件发生后难以得到有效的法律保护。国家需要建立健全知识产权保护体系，健全快速、有效解决中医药知识产权纠纷的部门制度，确保所有者能够及时行使和保护自己合法的知识产权。

2. 强化执法监管

国家加大对中医药知识产权的执法监管力度，依法打击侵犯中医药知识产权的行为，维护市场秩序和企业利益，国家中医药监管机关定期清查相关部门的执法力度。同时国家还需要通过加强知识产权执法机构的建设和培训来提升执法人员的专业素养和能力、加大执法及打击侵权行为的力度。此外，应建立起行政执法、司法审判、行业自律和社会监督多角度的监管机制，形成多方位合力保护知识产权的形势。

3. 提供支持保护

首先，国家可以通过加大科研研发经费投入、优化中医药知识产权保护体制等方式，促进中医药的创新发展和知识产权保护[19]，并对中医药研发机构给予资金支持，鼓励其创新发展。其次，国家可以发布相关文件对中医药的研发经费进行说明、给予研发费用支持。最后，还需要对中医药研发进行技术支持，鼓励科技人员的创新意识，鼓励相关技术人员回国发展。

以上建议和对策旨在促进中医药知识产权的发展，唯有国家、企业、学术界和社会界多主体的共同支持，中医药知识产权的保护发展才会得到更有力的支撑。

六、结语

目前，我国已经建立起一系列法律法规和制度来保护中医药的知识产权。例如，《中华人民共和国中医药法》明确了中医药的保护方法，鼓励创新并保护中医药的原创性。

从青蒿素的知识产权保护历程我们认识到一项科研创新成果专利需要被保护，否则随时会被对手剽窃，也会对后人的知识产权保护造成壁垒。[20] 我们通过青蒿素的知识产权保护来观察中医药知识产权保护方面的问题：其一是其传统知识与现代科学研究的结合问题，如何保护传统知识并促进其创新发展是一个复杂的问题；其二是中医药的知识产权保护面临着盗版和侵权等许多问题，这些问题需要通过立法、执法和国际合作等多种手段加以解决。

本调研报告针对中医药知识产权保护存在的问题及时给出相关建议及对策，希望通过本次调研能够加强个人及企业中医药知识产权保护意识，也为今后中医药知识产权保护的发展提供参考[21]。

参考文献

[1] 刘霁堂，李旺倬．广东青蒿科技产业化集成创新模式探究［J］．科技管理研究，2020，40（16）：133-139.

[2] 王海鹏．青蒿素类药物专利技术分布研究［J］．科学观察，2007（5）：7-13.

[3] 司建平．大健康背景下中医药国际化的策略选择［J］．中医学报，2015，30（5）：678-680.

[4] 何俗非，王邈．中医药传统知识保护现状与思考［J］．世界科学技术—中医药现代化，2019，21（6）：1147-1152.

[5] 中商情报网．2021 年 12 月中国中药材及中式成药出口数据统计分析．［EB/OL］．（2022-01-18）［2023-09-11］．https://baijiahao.baidu.com/s?id=1722221260505685092&wfr=spider&for=pc.

[6] 黄璐琦，张瑞贤．“道地药材”的生物学探讨［J］．中国药学杂志，1997（9）：53-56.

[7] 周泉．2022 年中国中药创新药行业现状及趋势分析，新药注册审批全面提速［EB/OL］．（2023-06-16）［2023-09-09］．https://www.huaon.com/channel/trend/903965.html.

[8] 李美英，李先元．对中国中医药知识产权保护现行制度的思考［J］．国际药学研究杂志，2015，42（4）：467-472.

[9] 洪净，王一涛，王为等．中药知识产权保护的对策［J］．世界科学技术，1999（1）：32-38.

[10] 车玉龙，李双双．青蒿素专利之殇［N］．人民政协报，2015-11-03

(012).

[11] 高艳丽. 中药知识产权保护的现状及对策研究 [D]. 吉林大学, 2010.

[12] 李沙. 中国药品专利的特性及保护：基于青蒿素的启示 [J]. 河南科技学院学报, 2016, 36 (5): 91-94.

[13] 方波. 中医药的知识产权保护 [J]. 中国自然医学杂志, 2004 (1): 52-53.

[14] 王柳青, 刘谦, 张震等. 中医药传统知识保护概念析要 [J]. 中国医药导报, 2023, 20 (8): 146-149.

[15] 余瀛波. 青蒿素基本专利与我失之交臂 [N]. 法制日报, 2015-10-08 (006).

[16] 应里英. 中医药的知识产权保护研究 [D]. 清华大学, 2016.

[17] 刘扬. 中医药国际科技合作知识产权管理研究 [D]. 北京：中国中医科学院, 2019.

[18] 王鑫, 王艳翚. 中药标准化问题与对策研究 [J]. 中华中医药杂志, 2018, 33 (1): 22-25.

[19] 李秀明, 张晶, 韩桂香. 新时代自主创新背景下中医药文化传承与知识产权保护路径探析 [J]. 中国医药导报, 2020, 17 (5): 152-155.

[20] 李林, 李国春, 张溪. 从青蒿素的专利历程和现状看医药科研成果的知识产权保护 [J]. 中国医药生物技术, 2016, 11 (2): 189-192.

[21] 李思宇, 田原, 田春洪等. 关于中国传统中医药的知识产权保护现状 [J]. 云南中医中药杂志, 2020, 41 (9): 26-28.

少数民族民间文学艺术表达保护的知识产权视角研究*

——以浙江景宁畲族民歌保护为例

一、引言

随着经济的全球化和现代化，少数民族民间文艺受到了剧烈的冲击，随意滥用、过度开发民族文艺的现象时有发生。因此，加强对我国民间文学艺术表达的保护刻不容缓，本文通过五个方面来展现本项目的调研情况和成果，包括：相关概念梳理、国内外研究现状及案例分析、项目研究设计、调研情况说明、研究成果与立法建议。希望本项目的"民歌+知识产权"发展模式将为全国范围内的少数民族民间文学艺术表达的保护与发展提供经验。

二、相关概念梳理

首先，关于民间文学艺术表达的定义。在国际上，有关其定义的主要法律文件根据时间的顺序如图 1 所示。图中几部重要的国际法案对民间文学艺术表达的定义的演变主要为：从原先的民间艺术、科学及文学作品逐渐拓展为不仅包括民间文学作品和有形表达，还包括无形的艺术表达以及不符合作

* 作者：吴若飞，华东政法大学经济法专业 2021 级本科生；周想，华东政法大学知识产权专业 2021 级本科生；刘嘉琪，华东政法大学国际法专业 2021 级本科生；杨艺，华东政法大学经济法专业 2021 级本科生。

品要件的民间艺术。

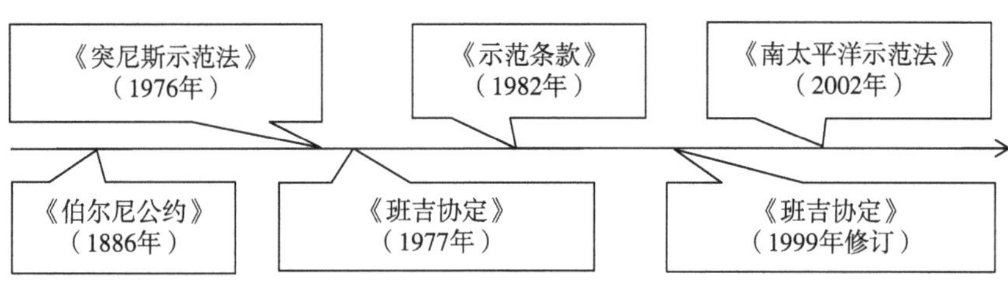

图 1　主要国际法案概览

我国 2014 年才公布关于民间文学艺术作品保护的征求意见稿。从意见稿中的定义可知，我国对民间文学艺术表达定义的预设想，不仅包括有形的艺术表达，还包括无形艺术和不具备作品属性的文学艺术。然而，该意见稿至今仍未颁布。

基于上述内容，结合民间文学艺术的界定及少数民族民间文学艺术的实际情况，我们得出定义：少数民族民间文学艺术表达是各少数民族中某一特定群体创作的，世代相传，反映该群体特征历史或文化的表达。

其次，我国也没有相关的法律文件明确规定少数民族民间文学艺术的特征。借鉴民间文学艺术表达的特征，少数民族民间文学艺术具有普通民间文学艺术表达的特点，例如集体性、长期性、变异性、继承性。同时，少数民族民间文学艺术表达还具有自身的特点，比如主体的特殊性、类型的多样性、濒临消失性等。

再次，民间文学艺术表达的形式主要有以下几种。①口头表达形式，诸如民间故事、民间诗歌及民间谜语等；②音乐表达形式，诸如民歌及器乐等；③活动表达形式，诸如民间舞蹈、民间游戏、民间艺术形式或民间宗教仪式等；④有形的表达形式，诸如民间艺术品、乐器、建筑艺术形式等。在我国，民间文学艺术作品的表现形式有文字、口述、音乐、戏剧、舞蹈、美术等。生活习惯、传统礼仪、宗教信仰、科学观点不属于民间文学艺术作品。

最后，关于其保护原则，各国由于国情不同，对民间文艺的保护和概念界定有所差异。我国现行的《著作权法》第 6 条涉及了对民间文化艺术作品的保护，但仅表述为“由国务院另行规定”。

三、国内外研究现状及案例分析

（一）国内外保护模式

1. 国内政策

我国现阶段对民间文学艺术保护的法律依据，除了在《中华人民共和国著作权法》（以下简称《著作权法》）中可找到相对简单、结构不完全且粗放的条款外，还有《中华人民共和国非物质文化遗产法》（简称《非物质文化遗产法》）中的相关规定能够对其阐释适用（见表1）。

表1　我国法律规定

法律名称	内　　容
《著作权法》	第3条规定："本法所称的作品，是指文学、艺术和科学领域为具有独创性并能以一定形式表现的智力成果……" 第6条规定："民间文学艺术作品的著作权保护办法由国务院另行规定。"
《非物质文化遗产法》	按照此法第2条的规定，非物质文化遗产是指各族人民世代相传并视为其文化遗产组成部分的各种传统文化的表现形式，以及与传统文化表现形式相关的实物和场所。包括传统口头文学以及作为其载体的语言；传统美术、书法……传统礼仪、节庆等民俗；传统体育和游艺；其他非物质文化遗产。

尽管我国在2014年公布了《民间文学艺术作品著作权保护条例》（征求意见稿），但直到现在我国对于民间文学艺术作品著作权保护的具体规定始终没有出台。并且，现行著作权法对民间文学艺术表达的保护与否，主要体现在对其是否具有独创性的判断。具备了独创性的民间文学艺术表达才能符合现行著作权法中的客体条件，受到现行著作权法的保护。与此同时，传统著作权只涉及个体私权，缺乏对代际和集体形式的创新适用。因此，适用现行著作权法还需要考虑保护期限与权利主体归属等问题。

可见，目前我国对民间文学艺术的保护政策存在较大的空白，重点问题尚未解决，立法有待完善。

2. 国内规范性文件

目前，我国有关民间文学艺术的规范性文件如表 2 所示。

表 2　我国规范性文件

文件名称	内　容
《传统工艺美术保护条例》	该条例规定了国家保护传统工艺美术的原则，优秀工艺制品的征集、收藏制度和“工艺美术大师”的命名制度。该条例颁布实施以来，对保存和发展我国的传统工艺美术事业起到了非常积极的作用
《云南省民族民间传统文化保护条例》	主要规定了民族民间传统文化保护专项经费的来源、专项拨款、传承人生活补助、为乡镇开展相关文化艺术活动提供必要的条件、政策优惠、保密工作等方面，涉及的内容主要在于为保护民间艺术提供必要的物质基础和其他条件，但对以何种方式保护民族文化以及如何应对民族文化侵权问题等都没有进行规定
《贵州省民族民间文化保护条例》	同《云南省民族民间传统文化保护条例》规定的内容接近，主要规定了文化保护的拨款主体、方式，相关经济基础等，而对如何保护特殊的民族文化、如何解决该类文化的侵权问题、如何对待民族文化的群体性和特殊性等内容都没有作具体的规定

总而言之，对于复杂特殊的民间文学艺术表达，是否需要在知识产权体系下建立一种有别于其他知识产权的特殊权利保护模式，现有法律和地方政策均未作出规定。

3. 域外相关政策规定

域外相关制度规范主要包括《关于建立非洲知识产权组织及修订的班吉协定》（简称《班吉协定》）、《保护文学和艺术作品伯尔尼公约》（简称《伯尔尼公约》）、《发展中国家突尼斯版权示范法》（简称《突尼斯示范法》）等文件。《班吉协定》指出，受版权法保护的“民间文学”包括“一切由非洲的居民团体所创作的，构成非洲文化遗产基础的，代代相传的文学、艺术、科学、宗教、技术等领域的传统表现形式与产品”。1971 年，《伯尔尼公约》将民间文学艺术表达按照“无作者作品”的规定进行处理，并采取了模糊的态度，表述为“可以进行保护”。同时，该公约对作者的认定进行一些规则上的构建，但并没有解决如何保护民间文学艺术表达的根本问题，保护力有限。

而《突尼斯示范法》试图在现有的著作权体系中对民间文学艺术作品进行保护。在制订《突尼斯示范法》的过程中，专家委员会指出，一方面，必须对民间文学艺术进行保护，防止其遭到滥用；另一方面，对民间文学艺术的发展与传播也应给予充分的自由与鼓励，过分的保护和过多的自由均会产生不利影响，所以需要在保护和自由之间找到一个适当的平衡点。委员会还着重指出，《突尼斯示范法》并不一定要成为一部独立的法律，它可以为知识产权法等相关法律中的一个章节。事实上，《突尼斯示范法》给各国法律留下了足够的空间，可以根据自己的国情选择最合适的保护制度，其主要目标是强调民间文学艺术表达的特殊性，并通过一种“特殊的权利”制度，将其置于著作权法之外寻求保护，而不是对其进行著作权保护。

日本将文化及环境权列为“生存权”的一部分，在宪法中予以保护。也有少数国家如俄罗斯、哈萨克斯坦等国家在其版权法中，明确排除了对民间文学艺术表达的保护。然而，我们不能断言它们在其他一切法规中完全排除了对民间文学艺术表达的保护。

虽然民间文学艺术表达的法律保护制度已初见雏形，但国际上，大多数发达国家并不认同这些立法成果。当前，在世界范围内，发展中国家主张对民间文学艺术表达进行保护。除了英国与澳大利亚，其他的发达国家几乎不会对此加以保护。以美国为首的西方发达国家一直自诩知识产权保护的先行者，在对知识产权保护国际秩序的维护中发挥着举足轻重的作用，但其并没有对民间文学艺术表达进行法律保护，并不是因为对其采取保护措施这一行为缺乏合理性，而是出于维护自己国家利益的目的。发达国家主导下的国际知识产权保护体系，其首要目标是对发达国家的高科技知识产权进行保护，而非对历史积淀下的少数民族民间文学艺术表达进行保护。不管是发展中国家鼓励保护民间文学艺术表达，还是大多数发达国家不保护民间文学艺术表达，从根本上讲，都是为了维护自己国家的利益。要想化解二者之间的矛盾，构建民间文学艺术表达的国际保护体系，就必须在二者之间寻求平衡。

综上所述，笔者认为，各国在进行著作权国内立法时，应具体问题具体分析，在综合考虑文化、民族、宗教、体制等因素的基础上，寻找适合本国国情的立法模式。在法律中明确构成版权作品的要件，包括肯定和否定要件，如果满足肯定要件，便能成为著作权法意义上的“作品”。例如，英美法中的肯定要件表现为作品的独创性与可固定性。就肯定要件而言，应引入集体著作权理念，确定相关群体共同创作者的身份，充分肯定少数民族民间文学艺术表达的独创性，排除对于民间文学艺术作品在固定性等方面的相关要求。

（二）国内外经典案例分析

1. “乌苏里船歌案”——我国首例侵犯民间文学艺术作品著作权纠纷案①

在目前的司法实践中，如果新作品只是借鉴了原作品主要的特色曲调，一般不构成侵权行为。新作品满足了著作权法关于改编作品的认定要件，即主要利用了原作品的独创性并具有自己的独创性，便可认定为是原作品的改编作品，不构成对原作品的侵权，但需要承担一定的义务，如标明出处。具体到本案，《乌苏里船歌》借鉴了《想情郎》中独特的民族曲调，但用西洋手法进行了全新的创作，具有独创性。笔者认为，具有民族特色的民间曲调是该民族独一无二的文化财富，仅用“标明出处”来保护它，是远远不够的。民族特色曲调不同于普通音乐作品的旋律，它具有代表一个民族的精神文化甚至是历史发展的价值内涵。鉴于此特殊性，应当针对民间文艺设立专门的保护制度。笔者认为，应设立一个专门机构代为行使少数民族群体的主体权利，以解决主体难以确认的问题。

2. 澳大利亚的越南地毯进口商侵权案②

这个案子成为澳大利亚法院承认“当未经授权使用其民间文学艺术作品时，艺术家可以得到补偿”的第一个判决，是法院对不适当地使用传统文化对创作群体带来损害的认可。通过该判决可以看出，虽然澳大利亚的版权法

---

① （2001）二中知初字第223号、（2003）高民终字第246号。

② （1994）54 FCR 240、（1994）130 ALR 659.

没有明文规定保护民间文学艺术表达，但澳大利亚法院间接承认了土著艺术和文化表达的公共所有权，该案件已经引起了澳大利亚的法官、学者对土著人的习惯法与澳大利亚现行著作权法之间的冲突，以及现行著作权法保护土著传统文学艺术的困难方面的重视。[1]

3.《刘三姐》案①

通过对本案的案情和法院审判思路的分析可以发现，若邓剧本构成独创性，则受著作权法的保护；若邓剧本不具独创性，则不受著作权法的保护。因此，如何认定独创性是一个重要的问题。

二审法院认为，虽然民间传说中已经存在刘三姐的故事，但邓剧本提炼出了“对歌”“抢亲”等几个典型故事情节，并根据自己的构思，创作出具有开端、发展、高潮、结局的完整结构的故事，就不只是对民间传说的简单整理汇总，而是构成独创性。但由于邓剧本借鉴了部分民族集体共有的要素，因此不能认为邓对《刘三姐》中的所有要素都享有著作权，其中涉及的部分在民间流传已久的刘三姐的典故，不能被其著作权覆盖。

另外，本案还涉及改编作品的法律标准问题。

关于改编作品我国法律有明确的标准认定，但涉及民间文学艺术表达的改编认定标准存在空白。根据广西壮族自治区高级人民法院开展的研讨会，专家们认为，在处理关于民间文学艺术改编作品认定的案件中，既要保护好民间文学艺术的自由创作，又要维护权利主体的合法权益。

二审法院采用三个步骤来确认民间文艺的改编标准。首先，要区分民间文学艺术作品和以民间文学艺术为基础的独创性作品，避免将一些属于民族群体的文学艺术作品纳入个人的控制之下。其次，构成改编的作品既要“主要利用”了原作品的独创性，又要有自己的独创性。最后，新作品是否构成改编作品，仍要根据具体的案情、作品风格和内容结构来认定。由于改编既可以是对一小部分内容的改编，也可以是对结构、人物形象的改编，既可以是优化的改编，也可以是劣化的改编，因此，在实践中要结合具体作品的内容按照“质+量”的原则来判断其是否构成改编作品。“量”要求新作品借鉴

① （2003）南市民三初字第56号民事判决、（2005）桂民三终字第7号民事判决。

原作品的内容要达到一定的字数或篇幅，但不是利用的内容篇幅越大，就越容易认定为改编作品，还需要参考“质”的要求。“质”要求判断新作品是否“主要利用”了原作品的独创内容，不论篇幅大小，只要利用了原作品的内核或精华之处，都可以认定为主要利用了原作品的独创性。达到“主要利用原作品独创性”的条件后，还需要判断新作品是否具有自己的独创性，否则，也不能构成改编作品。

综上所述，随着城市化和现代化的发展，越来越多的少数民族文学艺术作品面临着被侵权的风险，但与此同时，相关的制度和立法却没有进行相应的完善。本案中法院的认定既保护了民间文学艺术作品创作的自由，又保护了著作权人本身的利益，具有良好的示范作用，可以为国家立法和制度完善提供一定程度的参考，并为类似案例提供指导。

四、研究设计

（一）研究目标与研究内容

1. 研究目标

探究畲族民歌保护现状，寻找优化路径并提出立法建议。

本项目组前往浙江省丽水市景宁畲族自治县进行实地考察，明确当地当前畲族民歌，特别是畲族民歌知识产权相关方面的保护现状。综合运用文献分析、实证调研、比较调研等研究方法，寻求畲族民歌法律保护的优化路径，并提出相关立法建议和保护模式。

2. 研究内容

（1）国内外民间文学艺术表达的保护模式

主要工作有：对国内外典型判例进行案例分析；整理、分析我国不同地区、不同效力层级的法律、法规、部门规章等；访问中国知网、维普数据库，深入研读相关学术论文，总结国内不同学说及其背后的理论支撑。

通过综合案例、立法、学说，相互对比、印证，项目组探究了我国民间文学艺术表达保护模式当前的发展阶段及未来发展趋势。

（2）畲族民歌保护现状与立法建议

畲族民歌作为少数民族民间文艺表达的实例之一，其保护现状在一定程度上反映了普遍性。本项目以畲族民歌为出发点和主要抓手。为体现该项研究的现实意义，对保护现状的调查必不可少。项目组对当地居民进行了问卷调查，对畲族民歌爱好者、畲族民歌非物质文化传承人、非物质文化遗产相关部门工作人员进行了线上和面对面的访谈，了解畲族民歌发展现状与存在的问题。此外，还对当地已经实施或是准备实施的相关保护机制进行了研究。对于已经实施的措施，询问和思考其成效、不足以及其背后的深层原因，以期为后续机制的建立和优化提供现实背景和支撑。

（二）研究特色与创新

对于民间文学艺术的法律保护，学界当前已有较多的研究成果，但质量参差不齐。由于民间文学艺术自身的复杂性等，因此直到今天，我国关于民间文学艺术保护的具体立法还迟迟不能出台。

本项目研究的特色及创新点主要体现在：

1. 研究对象的新颖性

现阶段，国内大部分学者对民间文学艺术法律保护的研究都是以民间文学艺术这一整体为研究对象，围绕少数民族民间文学艺术的法律保护进行深入探讨的较少。

2. 研究方法的现实性

学界对于民间文学艺术法律保护的研究往往偏重理论，缺乏具有参考性、时效性的实地考察。项目组通过实地调研及对相关人士的访谈，深入了解了畲族民歌作为一种独特的民间艺术形式的自身特性及保护现状，并积累了对少数民族民间文学艺术存留现状的宝贵调研成果。畲族民歌也可作为一个现实范例，由此及彼地推广到其他少数民族民间文学艺术可能存在的问题并找到可能适用的解决方案。

3. 研究视角的独特性

学术界的相关研究主要是针对所有类型的民间文学艺术来探讨法律保护，

但是本项目聚集某一具体类型的民间文学艺术来探讨法律保护，切入口更小，有更明确的特征和指向性。

此外，需要明确的是，本项目研究虽然只是以畲族民歌这一具体类型的民间文学艺术法律保护为研究视角，以小见大、由浅入深，但最终是从特殊到普遍，并由此推广开去，不会因此丧失现实价值。

（三）研究方法

1. 文献分析法

（1）本项目通过从中国知网、各类学术期刊、新闻报道及政府官方网站查阅资料，了解权威学者、专家对少数民族文化保护的研究与看法，明确课题的现实意义和时代走向。

（2）具体步骤

首先，制订文献阅读计划：参考研究目的和研究内容，有计划地将文献阅读分成几个板块，进行分工并安排阶段性阅读。

其次，收集和阅读文献资料：通过检索相关新闻、法律法规，访问中国知网等网络数据库，广泛搜寻相关背景知识，摘取有效信息，安排研究进度；归纳总结其他少数民族民间文艺研究中已经暴露的问题，为后续实地访谈及问卷的问题设计提供思路；掌握目前国内外对民间文学艺术表达的法律保护研究的最新进展，以便后续结合实地调研成果进一步创新，提出具有现实意义的制度构建。

最后，对文献资料进行真实性、可用性检查：对计划利用的文献进行真实性、可用性检查，以确保调查的系统性和可靠性。

2. 实证调研法

本项目采用问卷调查、线上访谈、实地采访三合一的形式进行实证调研，形成初步的社会调查报告。

灵活的实证调研形式为各种意外情况提供了备选项，节省了调研成本；多种调研形式相互补充、交叉验证，增大了调研结果的可信度；在先的调研为在后的调研提供改进建议和新思路，便于在调研过程中及时调整大纲里不合适、无关和无意义的问题，以提升调研效率。

我们的访谈对象为景宁畲族自治县非物质文化遗产中心的工作人员、畲族民歌联合会会长、畲族民歌传承人、畲族民歌职业歌手、畲族民歌爱好者、畲族民歌收集整理者等。我们事先合作设计了一份基础的采访大纲，又在此基础上根据受访对象的职业身份、年龄、受教育程度等有针对性地添加问题，最后对采访大纲的语言进行口语化处理，使其更适用于访谈场景。

通过对畲族民歌法律保护的调查情况进行分析，项目组总结出畲族民歌法律保护的现状及现实困境。

（1）线上访谈

①线上访谈是远距离、多频次、广范围取得信息的相对便捷的方式。相较于面对面的采访，线上访谈具有不受空间距离限制的优点。一方面受访者接受邀请的概率更高，另一方面也节省了赶路时间，对提升调研效率很有帮助。

项目组事先设计好对景宁畲族自治县非物质文化遗产传承人及当地政府工作人员的采访稿，以电话访谈的方式开展并录音且即时记录，以确保信息采取的及时性和真实性，为后期调研的开展提供资料，推动课题的后续开展。

②具体步骤：

首先，设计采访稿。

我们在调研前已经通过微信群整理编辑好采访中需要问到的问题。确定线上访谈的形式后，又由组员根据电话采访的特殊性对采访稿进行了二次修改，以防止在语音交流的过程中出现失误。

其次，线上电话访谈。

小组内一共有三位同学参与了访谈。三人轮流根据拟好的大纲提问，并根据访谈对象的回答适当进行大纲之外的发散性提问。在受访对象回答的过程中，三人同时使用共享云文档进行实时记录，从而提升记录效率，减少因主观因素导致错漏、误解的可能。

最后，对访谈内容进行录音、笔录、整理、总结。

我们对接受录音的线上访谈对象统一进行了录音，方便事后针对没有记录完整的部分查漏补缺，完成初步整理。另外，未参与访谈的同学对已经初步整理过的访谈记录全文，对照电话录音进行二次检查，梳理语言逻辑，同时对近音混淆或词不达意的情形进行修正。

（2）问卷调查

①问卷调查法是目前国内外社会调查中广泛使用的一种方法。项目组设计了关于景宁畲族自治县畲族民歌现状的调查问卷，于线下发放（见图 2），尽可能扩大调查受众从而获得更全面的数据。通过分析问卷调查结果，了解当地保护畲族民歌的相关政策，以及政策落实的情况等，为课题的后续进行提供参考。

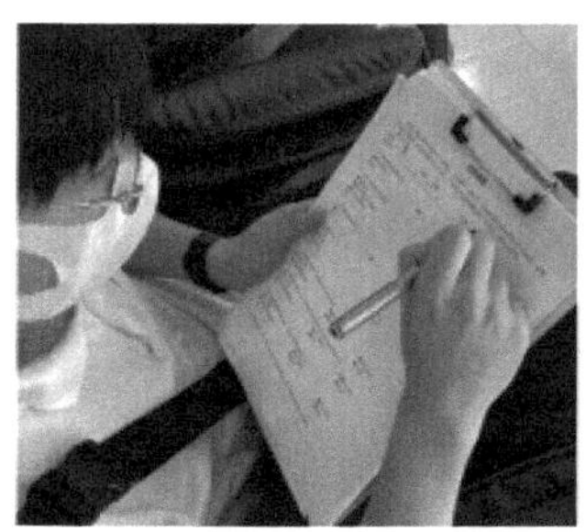

图 2　发放调查问卷

②具体步骤：

首先，设计问卷，线下发放问卷，鼓励大家填写。

其次，对回收的问卷进行整理；评估回收问卷答案的可信度；对回收问卷中有价值的部分进行统计和归纳分析，包括图表可视化、列提纲、通过卡方检验进行相关性评估等，这有助于后续的分析工作，并以此作为支撑最终结论的事实依据。

（3）实地采访

①实地采访法是实地调查法与采访法相结合的研究方法。项目组前往景宁畲族自治县，走访当地居民、采访相关工作人员，了解现实情况（见图 3），为项目研究提供重要依据，并明确项目的现实意义。

②具体步骤：此处的实地采访流程基本和线上采访一致，三人小组轮流提问，同时记录，事后根据录音查漏补缺，最后对考察获得的资料进行筛选、

整合、分析，在此不再赘述。

这里只记录实地采访中需要注意的、特殊性的环节：

第一，由于采访需要前往现场进行，因此需要提前确定好考察对象、地点，做好准备工作和应急预案。

第二，在访谈时应注意礼貌，保持微笑和与受访者适当频率的眼神交流，并运用合适的交际技巧。

图 3 畲族民歌传承馆实地采访

3. 比较研究法

通过对中国知网、维普数据库、Westlaw、International、Lexisnexciss、Heinonline 等数据库的检索，整理主要国家及典型地区关于民间文学艺术表达法律保护的立法及制度构建情况，归纳和总结域外私法领域的经验，结合我国的实践和客观实际，提出具有中国本土化特色的民间文学艺术表达法律保护路径建议。

五、调研情况说明

（一）景宁畲族民歌保护的法律举措

1. 运用民族自治地方的立法权

《景宁畲族自治县民族民间文化保护条例》涵盖范围较广，对从少数民族民间文化受保护的具体范围、传承人的遴选和认定，到行政管理结构、学术研究与外部合作、奖惩措施等各个方面均作了全面系统的规定。

但在走访景宁畲族自治县相关部门时，我们也发现该条例在司法实践中适用频率较低；调查问卷显示，64%的受访者并未听过该条例，可见对畲族民间文学艺术保护的社会普法程度较低。

2. 设置域内第一个畲族文化数据库

畲族文化数据库中除了相关文献，还保存了大量影像资料，其中包括非物质文化遗产技术制造物的照片和相关的录制视频。畲族文化数据库在一定程度上可以将智力成果固定下来，实现了对一些已行至消亡边缘的文化现象的实物存留和长期承继，方便相关人员研究和查看。同时，当面临知识产权侵权等现象时，也便于取证。

3.《非物质文化遗产项目专利申请与实施奖励办法》

该办法规定，鼓励非物质文化遗产项目专利申请，对成功申请工业产权的各个情形均给予不同程度的奖励，通过国家调控和政策引领，激发全社会对传统文化知识产权保护的热情。

（二）景宁畲族民歌著作权保护模式下的困境

通过对畲族民歌的实地调研和访谈，项目组了解到，畲族民歌能传承至今，既离不开各级政府的政策支持，也离不开景宁地区畲族人民的共同努力，更离不开畲族人民对畲族民歌的不断创新与发展。同时，随着时代的发展，景宁畲族民歌的发展面临着重重困难。项目组在调研中也发现许多受访群众并不了解知识产权法对景宁畲族民歌的保护路径，维权意识薄弱。同时，当前可适用的法律条规、地方性条例较少，法律体系并不健全，权利人还面临继承和维权的权衡难题。目前，学术界多支持用著作权模式对民间文学艺术表达进行保护，但在实地调研过程中，项目组发现对景宁畲族民歌来说，著作权保护模式的运用实施仍存在较多障碍，具体分析如下：

1. 景宁畲族民歌保护与著作权法本身的矛盾

（1）群体性阻碍著作权主体的认定

景宁畲族民歌的一大特点便是群体性，其具有时间和空间两大意义。在时间意义上，畲族民歌是创作者和继承者在很长一段时间内继承发展、共同完成的成果，许多畲族新民歌都是在老民歌的基础上改编而成的；在空间意义上，畲族民歌是在某个时段、由处于一定地域范围内的畲族群众共同完成的，在调研中我们也发现畲族民歌有许多不同的音调，如“景宁调”“龙泉调”“福建调”等，甚至景宁不同村落的曲调也存在细微的差别，由此可以看出畲族民歌音调是一个群体的智力成果，是由其创造者和传承者通过时间创造的一个特定的文学艺术表达体系，其创造发展过程不能归功于某一具体特定的个体。

而著作权法明确将著作权主体分为公民、法人或其他组织，并未将由地缘、血缘等因素连接在一起的群体纳入著作权主体保护范围。因为在面对少数民族民间文学艺术表达的侵权问题时，主体认定困难常常导致难以运用著作权法规制侵权行为。

如果坚持将“集体”纳入著作权法主体的范畴，笔者认为不符合立法宗旨，且存在实践中的困难。从立法宗旨的角度思考，著作权法设立的实际意义是为了保护具有独创性的智力成果免遭侵权，以激励创新创造。但集体与法人或其他组织的区别就在于集体组织性较弱，许多少数民族群体文化程度不高，对侵权行为敏感度低，即使发现侵权现象，集体也难以及时、准确地进行维权，这与著作权法的立法宗旨相悖。在调研中我们还发现许多畲族民歌保护组织更倾向于传播畲族民歌文化，对侵权现象鲜少关注。从实践角度思考，少数民族的创作主体具有群体性，某项作品可能由多个群体共同创作而成，且外延难以确定；同时可能由于距今时间过久，难以考证具体的群体范围，故在实践中很难将权利主体界定为某一群体。

（2）景宁畲族民歌不符合作品的认定要件

根据我国《著作权法》的规定，只有成为作品，才能成为受著作权法保护的对象，而作品是指文学、艺术和科学领域内具有独创性并能以一定形式表现的智力成果。

①不符合“以一定形式表现”

基于上述内容，作品必须具有能被他人感知的外在表达。著作权保护的是具体表达，而非抽象的思想表达。但根据实地调研及访谈中的所见所闻，景宁畲族民歌多是以口传心记、口耳相传的方式传承下来的，以文字记载的数量较少，并没有构成表达畲族民歌创作者思想的符号化体系，这不符合《著作权法》客体的构成要件。

②持续性对独创性的挑战

作品的独创性是指作品是由创作者从无到有的独立创作或在他人的作品之上进行再创作而成的本人的智力成果。[2] 独创性包含“独”和“创”两个要求，“独”即独立创作，源自本人；“创”即要求必须有智力创作的空间、体现创作者的个性，不能仅仅是“额头流汗”[3]，但不要求高质量或者高度的文学和美学价值，即不仅仅限于“阳春白雪”，还应当包括“下里巴人”的事物。

景宁畲族民歌的创作具有持续性，一代又一代的人对其进行补充完善，随着社会的发展不断地被进行再创作、被增添新的内容。笔者认为，若将景宁畲族民歌的一次次的再创作分开来看，那么实际上每一次对民间文学艺术表达的补充完善都能被认定为具有独创性，但是民间文学艺术表达的创作过程是长期存在并且之后也将持续下去的，那么作为整体的已发生的和未来会发生的再创作，似乎已不同于作品的独创性了。景宁畲族民歌创作上的持续性使得其可能不符合作品的独创性构成要件，难以被认定为作品，因而也就不能受到《著作权法》的保护。

（3）保护期限难以确定

我国《著作权法》明确规定了普通作品的保护期限，超过保护期的作品就会进入公共领域，该做法允许创作者对其作品享受一段时间的垄断权利后，便使其作品进入共享阶段，以此鼓励作品的再创作。同时，保护期限届满进入公有领域也可以促进智力成果的传播，推动人类文化事业的繁荣发展。

但笔者认为，景宁畲族民歌并不能直接套用《著作权法》对普通作品保护期限的规定，具体原因如下：

其一，景宁畲族民歌相较于普通民间文学艺术表达，具有鲜明的民族性，是畲族精神文化的象征，如果依照《著作权法》对保护期限的规定，在一定时间后进入公共领域，那么畲族民歌可能会被不恰当地利用，使本民族的精神文化受到损害。例如，我们发现抖音上的一些搞笑视频会采用畲族民歌作为背景音乐，以增强搞笑氛围，而调查问卷显示，78%的受访者认为这种行为是对畲族文化的亵渎。澳大利亚的越南地毯进口商侵权[4]一案也暴露过不恰当使用的问题。

其二，运用《著作权法》保护期限规定的大前提是客体为作品，而根据前文对客体认定的论述可知，畲族民歌不符合作品的构成要件。

其三，由于景宁畲族民歌大多没有确定的作者，也就没有办法判断作品是何时完成、何时发表的，同时，景宁畲族民歌又在世代的传承中一直不断发展、不断完善，因而对其设定保护期限也是不科学的。

综上，笔者认为景宁畲族民歌的保护难以适用《著作权法》中保护期限的规定。

我国大部分学者主张民间文学艺术表达保护应该采取永久性保护措施。这些学者认为，民族民间文学艺术表达是一个动态的发展过程，不仅体现了民族性，而且体现了时代特点。所以法律要保护的也不应是某一个时间点上该民间文学艺术的具体形态，而是不断发展的民间文学艺术表达这个整体[5]；并且民族民间文学艺术表达的精神权利是民族尊严和“族格”利益的体现，因此，应当对其采取永久性保护[6]。

笔者认为，少数民族民间文学艺术表达相较于一般民间文学艺术表达更需要重点保护的原因，便是受民族性之限，了解少数民族民间文学表达的人较少，因此，传播该民族特色的困难较大，而倘若为了维护民族的精神文化而采取永久保护的模式，虽然达到了维护“族格”利益的目的，但也不利于少数民族相关精神文明的传承。在采访丽水市文化馆馆长季彤曦女士时，她就表达了纠结的心境："既想防止畲族精神文明遭到侵权，但因畲族文化传播的困境，当发现被侵权时也会有一种'无奈的开心'，因为这至少证明景宁畲族民歌被人关注到了。"

因此笔者认为，关于景宁畲族民歌采用永久保护模式还是保护期限模式的思考，其本质是对少数民族文化传承发扬和"族格"利益权衡选择的过程。

WIPO-IGC 第十次会议出台的《传统知识保护政策目标与核心原则条款修订草案》实体条款（简称 WIPO"实体条款"）对民族民间文学艺术表达的保护期则采取区别对待的原则（见图 4）。

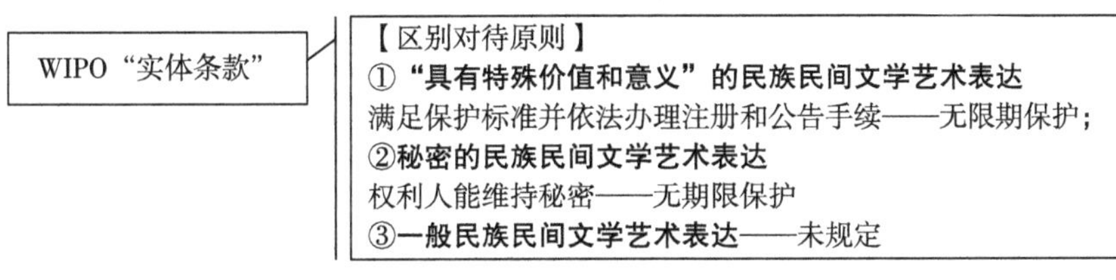

图 4　WIPO 区别对待原则

这种分类讨论划定保护期限的方式，显然更有利于灵活保护少数民族的精神文明，但值得注意的是"具有特殊价值和意义"是一个较为模糊的定义，在相关立法时还需要进一步明确该定义。

2. 司法实践中运用《著作权法》保护景宁畲族民歌的困境——传承和维权的冲突

如前文所述，精神权利对少数民族民间文学艺术表达来说至关重要，但此处的精神权利并不等同于著作权法中的精神权利。著作权法中的精神权利主要包含发表权、署名权、修改和保护作品完整权，但这对少数民族民间文学艺术表达来说是不足够的。

不可否认，《著作权法》确实能为保护畲族民歌提供很大帮助，能够防止他人随意利用甚至冒犯和诋毁。但少数民族民间文学艺术表达可能更需要的是传播与发扬。我们在调研中也发现了这个问题，通过对调查问卷结果的分析发现，整体受访者对畲族民歌的熟悉程度并不高，超八成的受访者表示对畲族民歌"不熟悉"或"不太熟悉"（见表 3）。

表 3　年龄与了解程度的关系

人数	年龄	了解程度	
		程度较低	程度较高
44	<35 岁	42	2
41	≥35 岁	27	14
总计		69	16

我们将受访人群根据年龄和了解程度二次划分，进行卡方检验（见表4）。此处使用的卡方检验是统计学中一种常见的假设检验方法，属于非参数检验，基本原理是通过衡量实际值与理论值的差异程度，从而检验两分类变量（本文中的“年龄”和“了解程度”）间是否存在关联。

皮尔逊卡方的计算公式如下：

χ^2（皮尔逊卡方）= Σ［（实际频数-理论频数）^{2}/理论频数］

在本文中，我们想要知道年龄与对畲族民歌了解程度是否具有关联性，于是将收集的调查数据进行划分，按照受访者年龄，分为“35 岁以上”和“35 岁及以下”；按对畲族民歌了解程度，分为“了解程度较高的”和“了解程度较低”的。将其看作两个变量列成 2×2 列联表，实际的计算由 SPSS 软件完成。

P 值描述的是在原假设为真的情况时，观测到当前卡方值即以上情况的概率，是用于判断统计显著性的指标。通常来说，当 P 值小于显著性水平 a（0.01 或 0.001）时，表明差异不是由于随机误差造成的，结果具有统计学意义。P 值在表 2 中对应的是总计-皮尔逊卡方一行，渐进显著性（双侧）一列的数值，即 $P<0.001$，说明观察到的差异是显著的，观察数据和期望数据之间的差异具有统计学意义。

χ^2 值用于衡量观察值对理论值的偏离程度，描述自变量和因变量之间的相关性。χ^2 的值越大，则关联性越强。χ^2 值在表 2 中对应的是总计-皮尔逊卡方一行、值一列的数值（即 $\chi^2 = 12.170$）。按照 χ^2 检验的自由度 $V=$（行数-1）（列数-1），此处交叉表行、列分别为年龄、了解程度两个指标，列出的是 2×2 列联表，则自由度 $V=(2-1)\times(2-1)=1$。同时，根据 χ^2 分布的

临界值表可以得出 $P<0.001$ 的结论。这表明，我们可以认为两个变量之间存在显著性关联，也即从统计学的角度来看，年龄对畲族民歌的了解程度呈现出差异性。

表 4　卡方检验

数据		值	自由度	渐进显著性（双侧）	精确显著性（双侧）	精确显著性（单侧）
2. 00	皮尔逊卡方	—	—	—	—	—
	有效个案数	2	—	—	—	—
14. 00	皮尔逊卡方	—	—	—	—	—
	有效个案数	14	—	—	—	—
27. 00	皮尔逊卡方	—	—	—	—	—
	有效个案数	27	—	—	—	—
42. 00	皮尔逊卡方	—	—	—	—	—
	有效个案数	42	—	—	—	—
总计	皮尔逊卡方	12. 170[a]	1	0. 000	—	—
	连续性修正[b]	10. 310	1	0. 001	—	—
	似然比	13. 305	1	0. 001	—	—
	贾希尔精确检验	—	—	—	0. 001	0. 000
	线性关联	12. 027	1	0. 001	—	—
	有效个案数	85	—	—	—	—

a. 0 个单位格（0. 0%）的期望计数小于 5；最小期望计数为 7. 72。

b. 仅针对 2×2 表进行计算。

景宁非物质文化遗产中心的工作人员也向我们表达了无奈：“我们知道维权的重要性，但可能无暇顾及，因为传承都十分困难了。”

在国际上，WIPO 的核心目标是，确保现有传统知识或传统文化表现形式中的智力创新和创造力不被错误地使用。而在我国当前的国情之下，少数民族民间文艺表达一方面是正面临着生存危机，一些传统文化正在被淡忘、取代；另一方面是可能会存在被盗用或滥用的风险。因此，比起知识产权意义上的“保护”，畲族民歌更需要“保障”“保存”和“促进”，不仅对有形的文化遗产，更要对无形的文学艺术加以认定、文献化，促进其传播和发展。[7]

六、研究成果和立法建议

本文仅限于探究私法对少数民族民间文艺表达的保护模式，故不涉及公法方面的论证。以下以景宁畲族民歌为例，构想出适合少数民族民间文艺表达的私法保护模式以及相关立法意见。

(一) 少数民族民间文艺的保护模式

1. 版权法保护模式

若国家仍无法出台和制定关于民间文学艺术表达保护的特别法规定，则实践中我们仍需要用版权法来对民间文学艺术的侵权现象进行处理。用著作权保护民间文学艺术表达的主要意义在于：调整与民间文学艺术表达创作、整理有关各方的权利义务关系，包括创作者、整理汇编者、爱好者、传播者等，承认爱好者、记录者、整理者、传播者等的劳动价值，并保护他们的权利。[8]

然而，此模式忽略了少数民族民间文学艺术的特殊性，例如，畲族民歌经过世代发展，已经成为其民族全体人民的文化，其作者、权利所属者均难以确认，而适用版权法保护模式无法解决这类问题。因此，适用版权保护模式不能解决现实中的所有争议，需要对一些争议问题进行特殊规定。

2. 特别保护模式

现有的私法制度存在空白，无法为民间文学艺术表达提供较好的保护，因此，可以根据民间文学艺术的性质和法律特征来构建特别的权利保护体系，确定民间文学艺术表达为一种特别权利，制定“民间文学艺术保护条例”，提供私法保护，以规范民间文学艺术表达的商业化使用。

其一，关于保护期限问题。笔者认为，若规定少数民族民间文学艺术表达的著作权是永久期限的，则与传统著作权法的立法目的明显相左，难以激励人类社会进步及文化事业的发展与繁荣。从司法实践来看，永久保护的观点也未被法院所接受。在"《刘三姐》案"中，法院认为民间故事《刘三姐》已进入了公共领域。[9] 1994年《国家版权局关于民歌版权买卖给文化部的复函》中同样指出："对于世代流传、原作者已无从考证的民歌，从著作权角度来看，属于进入公有领域的作品，不受现行著作权法的保护。"

笔者认同少数民族民间文学艺术表达既是一个不断发展的智力成果，也是民族尊严的体现。但如前所述，少数民族民间文学艺术表达相较于一般民间文学艺术表达，其突出特点便是受民族性之限，了解少数民族民间文学表达的人较少，传播该民族特色的困难较大，更需要重点保护。而倘若为了维护民族的精神文化而采取永久保护的模式，虽然达到了维护"族格"利益的目的，但也不利于少数民族相关精神文明的传承。关于少数民族民间文学艺术表达保护模式的选择，其实质是对少数民族文化传承发扬和"族格"利益权衡选择的过程。

关于保护期，笔者认为可以参考上文所提到的WIPO实体条款的相关内容，即采用分类讨论的方式规定不同的保护期限，当然，在相关立法时还需进一步明确分类的标准。

其二，关于民间文学艺术表达的权利主体问题，有集体主义说与个体说两种。笔者认为，集体主义说并不能完全运用在少数民族的民间文学艺术表达保护问题上。个体说具有一定的参考性，但个体说仅适用于部分少数民族民间文学艺术表达的保护。在受众文化程度等因素的影响下，少数民族民间文艺表达还具有一大特点——以口头传播为主，以书面形式固定的情况较少。而个体说在实际运用中很重要的一个论证前提即以书面形式固定，因为只有在书面材料作为证据的情况下，方能证明某个具体个体是该民间文艺表达的最新创作者或相较前版本的最大贡献者。而项目组在景宁的实地调研中也发现，少数民族民间文学艺术表达很少以书面形式固定下来，即使有书面文字，大多也仅仅是为宣传或教学传承使用，其记录的数量较少，大部分还是以口口相传的模式进行传承，这会大大影响个体学说在实践中的主体认定。因此笔者认为，个体说可以运用在部分以书面固定为主的少数民族民间文学艺术表达衍生作品上，而不能完全运用在少数民族民间文艺表达之上。

笔者认为，民间音乐作品的主体权利应当由专门的组织代为行使，那么对于侵害民间音乐作品著作权的行为也应当由该组织代为起诉，从而维护该民间音乐作品的著作权。个人如果发现对本民族或群体的民间音乐作品的侵权行为，应当通知该专门组织，而不应当以个人名义提起诉讼。但如果该个人能够提供充分的证据证明自己的权利主体身份（如演绎作品的作者），则应当允许以个人身份提起诉讼。同时，对该专门组织应当建立一种行政监督管理机制，但该机制不在本文的论述范围内。

其三，针对演艺作品是否具有完整著作权的问题，应当由音乐专家予以确认是否存在对民间音乐作品简单的复制进而侵害权利主体的行为。

其四，值得注意的是，在现实中，许多少数民族民间文艺表达濒临灭绝，该民族对于传承问题已经焦头烂额，更没有精力面对文化侵权问题。例如，在调研中，景宁畲族民歌传承人表示：我们已经不在意自己的畲族民歌是否会被滥用，只要有人用，我们就已经心满意足了。所以，通过传承、教育等手段使民间文艺在当今社会中得以延续和发展是利用的前提。

（二）调研成果总结

我们走访了大均乡、澄照乡等多个畲族聚集村落，近距离接触了畲族人民的生活，了解了不同畲族村落中的风俗习惯，观看了婚丧嫁娶表演，聆听了畲族民歌演唱。

我们采访了十余位畲族民歌相关人士，包括畲族民歌省级传承人、畲族民歌联合会会长、畲族民歌传承人、畲族民歌职业歌手、畲族民歌爱好者、畲族民歌收集整理者等，我们聆听了他们与畲族民歌的故事，了解了他们对畲族民歌的看法，并和他们交流了畲族民歌保护的路径。

我们走进村落，在大均乡、东坑镇等多个村落向畲民发放了近百份调查问卷，并用通俗的语言向他们解释问卷内容；走进街道，我们在城南步行街、江泰广场等多地同步发放了调查问卷，以扩大样本容量、提高数据准确度。

我们走访了市县非物质文化遗产中心、艺术馆、宣传部，与多位工作人员进行交谈，了解了畲族民歌保护现状，以及目前畲族民歌传承和维权所面临的困境，并和他们探讨了畲族民歌保护的可行性路径。根据实地调研与检索分析，我们整理了畲族民歌问卷调查数据分析报告、景宁畲族民歌访谈记录等多份文件。

在此基础上，结合自身思考，我们完成了一份研究报告，报告以浙江省景宁畲族自治县民歌保护为例，深入调研当地少数民族文化侵权现象的现有救济机制，发现制度缺失，结合国内外各地区的现有经验及相关理论知识，从私法视角阐述了对我国少数民族民间文学艺术表达保护的立法建议，以促进我国立法完善和民族文化保护。

最后，我们草拟了一份立法文件及司法解释，并上交给具有地方立法权的上海市浦东新区作为参考，希望借浦东新区的地方立法权这一制度优势，为如景宁畲族自治县等一样的民族地区的少数民族民间文学艺术表达保护提供法律借鉴和支持，以促进我国立法的不断完善和民间民族文化侵权问题的解决。

参考文献

[1] (2003) 南市民三初字第56号民事判决、(2005) 桂民三终字第7号民事判决。

[2] 张耕. 民间文学艺术的知识产权保护研究 [D]. 西南政法大学，2007：85.

[3] 王迁. 著作权法 [M]. 北京：中国人民大学出版社，2015：19-21.

[4] Kamal Puri, Preservation and Conservation of Expressions of Folklore, *COPYRIGHT BULL*, Oct. -Dec. 1998.

[5] 白慧颖. 民间文艺著作权保护的现实可行路径之思考 [J]. 河南财经政法大学学报，2013，28 (6)：125-129.

[6] 马俊毅，席隆乾. 论“族格”：试探民族平等与民族自治、民族自决的哲学

基础［J］. 民族研究，2007（1）：12-23，110.

［7］知识产权与遗产资源、传统知识和民间文学艺术政府间委员会 . 保护传统文化表现形式：差距分析更新草案［G］.2018.

［8］丁丽瑛. 民间文学艺术表达的著作权保护［J］. 厦门大学学报（哲学社会科学版)，2013（3）：104-133.

［9］广西壮族自治区高级人民法院（2005）桂民三终字第7号民事判决书。